Kleine Geschichte
des Großherzogtums Baden

Kleine Geschichte des
Großherzogtums
BADEN 1806-1918

Frank Engehausen

G. Braun Buchverlag

Erschienen in der Reihe:
»Regionalgeschichte – fundiert und kompakt«

G.BRAUN BUCHVERLAG ℬℬ
Karlsruhe
www.gbraun-buchverlag.de

© 1. Auflage 2005 by DRW-Verlag Weinbrenner
GmbH & Co. KG, Leinfelden-Echterdingen
Satz: post scriptum, Emmendingen / Hinterzarten
Gesamtherstellung: Karl Weinbrenner & Söhne
GmbH & Co. KG, Leinfelden-Echterdingen

Bildnachweis:
Archiv G. Braun Buchverlag: S. 10, S. 54
Generallandesarchiv Karlsruhe: Titelbild (J-N-B/1), S. 15 (J-Ac-R/7),
S. 37 (J-Ac-N9), S. 44 (J-Ac-R/65), S. 59, S. 61 (J-Ac-W/20), S. 66 (J-Ac-A-
9a), S. 96 (J-G-H/3), S. 109 (J-G-G/7), S. 138 (231/2937 Nr. 478), S. 167
(J/Ac:L2), S. 178 (231/2937 Nr. 3), S. 204 u. S. 205 (230/154)
Stadtarchiv Karlsruhe: S. 28, S. 83, S. 90, S. 107, S. 122, S. 188

ISBN 3-7650-8328-3

Inhaltsverzeichnis

Vorwort

Dieses Buch ist aus einer Vorlesung hervorgegangen, die ich im Wintersemester 2003/04 am Historischen Seminar der Universität Heidelberg gehalten habe. Meine Absicht war es damals, den Studierenden die badische Geschichte zwischen dem Ende des Alten Reiches und dem Untergang der Monarchie als Teil der allgemeinen deutschen Geschichte des 19. Jahrhunderts zu präsentieren; entsprechend breiten Raum nahmen die Seitenblicke auf die politischen Entwicklungen im Deutschen Bund beziehungsweise im Deutschen Reich ein. Um dem Charakter der Reihe gerecht zu werden, musste ich durch erhebliche Kürzungen das Vorlesungsmanuskript zu einer »Kleinen Geschichte« kondensieren. Den Kürzungen sind auch die meisten dieser Seitenblicke zum Opfer gefallen; gleichwohl habe ich mich bemüht, die Vergleichsperspektive aufrecht zu erhalten und zumindest an wichtigen Punkten aufzuzeigen, worin die Besonderheiten der politischen Geschichte Badens im 19. Jahrhundert bestanden.

Die Vorgaben des Verlags, der verständlicherweise auf eine einheitliche Präsentation der Reihentitel drängte, haben nicht nur Kürzungen notwendig gemacht, sondern auch den Verzicht auf einen wissenschaftlichen Apparat. Einen nur notdürftigen Ersatz kann das knappe Literaturverzeichnis am Ende des Bandes bieten, das zugleich Anregungen für weitere Lektüre geben soll. Solche Anregungen dürften vor allem jene Leserinnen und Leser begrüßen, die sich über den engeren Bereich des Politischen hinaus für die badische Geschichte interessieren. Aus Platzgründen, aber auch, weil dies für die Vergleichsperspektive wichtig ist, bleibt die Schwerpunktsetzung einseitig: Es geht im Folgenden nicht um sozial-, wirtschafts- oder kulturgeschichtliche Probleme der badischen Geschichte des 19. Jahrhunderts, sondern um die Entwicklung des politischen Systems im Großherzogtum.

Danken möchte ich an dieser Stelle Herrn Dr. Bernd Braun, der das Manuskript einer kritischen Durchsicht unterzogen hat, Herrn Stefan Burkhardt, der die Karte zur territorialen Expansion Badens am Beginn des 19. Jahrhunderts bearbeitet hat, sowie Frau Eva Maria Werner, die mir bei der Auswahl der Abbildungen behilflich war. Gewidmet ist dieses Buch meiner Tochter Lina, die das Licht der Welt erblickte, als ich mit der Ausarbeitung des Vorlesungsmanuskripts begann, und die mir während der Niederschrift die Nächte verkürzt und die Tage versüßt hat.

F. E.   Heidelberg, im Dezember 2004

Entstehung des Großherzogtums Baden

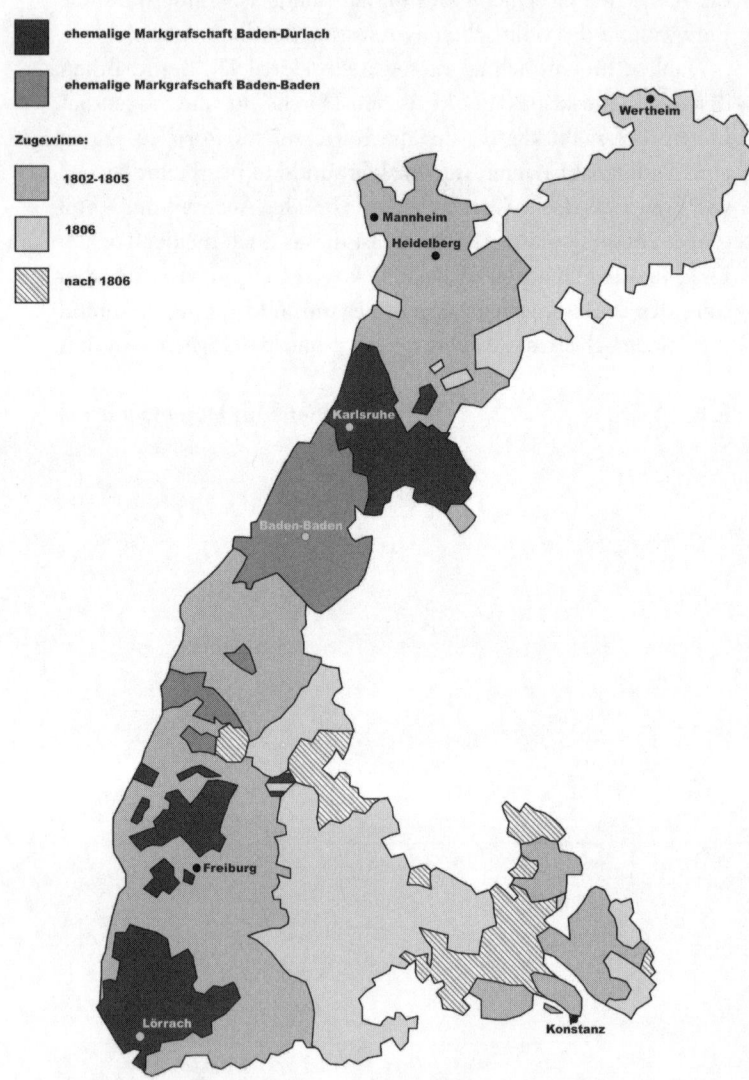

ehemalige Markgrafschaft Baden-Durlach

ehemalige Markgrafschaft Baden-Baden

Zugewinne:

1802-1805

1806

nach 1806

Wertheim

Mannheim

Heidelberg

Karlsruhe

Baden-Baden

Freiburg

Lörrach

Konstanz

Die Entstehung des Großherzogtums

Am Vorabend der Französischen Revolution von 1789 war Baden einer der zahlreichen kleinen Staaten, die das Bild des vor allem im deutschen Südwesten territorial zersplitterten Alten Reiches prägten. Die mindermächtige Stellung hatte sich auch durch die Wiedervereinigung der Markgrafschaften Baden-Baden und Baden-Durlach im Jahr 1771 kaum verbessert. Die beiden Markgrafschaften, die durch Erbteilung seit dem frühen 16. Jahrhundert getrennt waren und die sich seitdem vor allem konfessionell auseinander entwickelt hatten, fielen nach dem Aussterben der baden-badischen Linie im Mannesstamm an den Markgrafen Karl Friedrich, der 1746 die Regierung in Baden-Durlach übernommen hatte – einem Kleinstaat mit deutlich weniger als 100 000 Einwohnern und einer Fläche von nur 1650 Quadratkilometern, die kein zusammenhängendes Territorium bildeten. Die Wiedervereinigung bedeutete ungefähr eine Verdoppelung des Besitzes für Karl Friedrich: Baden-Baden war flächenmäßig etwas größer als Baden-Durlach, hatte aber eine geringere Einwohnerzahl. Der Zusammenschluss verlief, obwohl die Trennung mehr als zwei Jahrhunderte angedauert hatte, weitgehend reibungslos. Größeren Konfliktstoff barg lediglich die Religionsfrage, das heißt, das Problem des Umgangs des protestantischen Landesherren mit seinen neuen katholischen Untertanen.

Unmut über die Wiedervereinigung wurde wohl auch dadurch vermieden, dass Karl Friedrich die wirtschafts- und sozialpolitischen Reformen, mit denen er den Wiederaufbau des durch lange Kriege zerrütteten Baden-Durlachs gefördert hatte, fortsetzte und nun auch auf die neu hinzugekommenen Landesteile

Karl Friedrich (1728–1811),
Markgraf, Kurfürst und
schließlich Großherzog
von Baden

ausdehnte. Die spektakulärste dieser Maßnahmen war 1783 die
Aufhebung der Leibeigenschaft, die zwar noch nicht die feu-
dalen Abhängigkeitsverhältnisse auf dem Lande beendete, aber
den rechtlichen Status der bäuerlichen Unterschichten erheblich
verbesserte.

Die Popularität des Markgrafen bei seinen Untertanen scheint
dadurch beträchtlich gewachsen zu sein, und auch außerhalb Badens verbreitete sich der Ruf, dass Karl Friedrich ein menschen-

freundlicher und reformfreudiger Fürst sei; er war ein markanter Vertreter des aufgeklärten Absolutismus, wie ihn in Preußen Friedrich der Große oder in Österreich Joseph II. verkörperten. In der Geschichtsschreibung des 19. Jahrhunderts erstrahlte das Bild Karl Friedrichs als moderner Landesvater besonders hell – es war dies ein wichtiges Element eines neu konstruierten badischen Geschichtsbewusstseins: Die Historiker wollten es nicht bei dem schlichten Befund belassen, dass die kleine Markgrafschaft durch das Kriegsglück und eine geschickte Diplomatie zu einem Großherzogtum mit vervielfachter Bevölkerungszahl und flächenmäßiger Ausdehnung herangewachsen war. Der Aufstieg ließ sich besser als das Verdienst eines treusorgenden und weitblickenden Reformers erklären, zu dem Karl Friedrich stilisiert wurde.

Die glorreiche Zukunft Badens im 19. Jahrhundert war im letzten Viertel des 18. Jahrhunderts noch kaum vorherzusehen gewesen. Ein Blick auf die badischen Besitzungen in dieser Zeit verdeutlicht die problematische Lage der Markgrafschaft: Ihrem inneren Ausbau setzte ihre territoriale Zersplitterung deutliche Grenzen – sie war nach wie vor kein geschlossener Flächenstaat, was zum Beispiel den Bau von Transportwegen erheblich erschwerte. Prekär war vor allem die Lage der südlichen Besitzungen, die von österreichischem Territorium umschlossen waren; Karl Friedrich suchte deshalb außenpolitisch den Schulterschluss mit Österreichs Rivalen Preußen. Auch der linksrheinische Teilbesitz war gefährdet – Frankreich hatte seit den Zeiten Ludwigs XIV. mehrfach versucht, seine Grenze nach Osten zu verschieben und war damit zum direkten Nachbarn Badens geworden. Da Karl Friedrich sich außenpolitisch nicht auf eigene Kräfte verlassen konnte, blieb das Schicksal seines Landes in starkem Maße von äußeren Faktoren abhängig: von dem Verhältnis Preußens und Österreichs zueinander, aber auch von den Ambitionen Frankreichs.

Die Markgrafschaft Baden während der Französischen Revolution

Wie prekär die außenpolitische Lage Badens war, zeigte sich, als mit dem Ausbruch der Französischen Revolution ein akutes Bedrohungsszenario entstand, vor allem für die linksrheinischen badischen Besitzungen. Die Nationalversammlung in Paris hatte Anfang August 1789 die Aufhebung des Feudalsystems beschlossen, das heißt, zum Beispiel die entschädigungslose Beseitigung der Frondienste oder der gutsherrlichen Gerichtsbarkeit. Dieser weitreichende Beschluss wirkte sich auch auf diejenigen deutschen Reichsfürsten aus, die Besitzungen im Bereich der französischen Landeshoheit hatten – zu ihnen zählte der Markgraf von Baden mit seinem linksrheinischen Streubesitz. Ein zweites Problem, das die Markgrafschaft Baden in der Anfangsphase der Revolution wegen der Grenznähe besonders betraf, war der Zuzug geflohener französischer Adeliger, die sich am Karlsruher Hof und an anderen Orten der Markgrafschaft aufhielten. Ihnen Gastrecht zu gewähren, konnte eine Verschlechterung der Beziehungen zwischen Karlsruhe und Paris bedeuten, zumal ein Großteil der geflohenen französischen Royalisten nicht Asyl suchte, sondern vom Boden des Reiches aus den Kampf gegen die Revolution vorbereiten wollte.

Als sich nicht zuletzt wegen der royalistischen Flüchtlinge die Beziehungen zwischen Frankreich und Österreich sowie Preußen seit 1791 rapide verschlechterten, wurde Markgraf Karl Friedrich in den eskalierenden Konflikt der Großmächte mit hineingezogen; verhindern konnte er dies nicht, weil Baden wegen seiner Grenzlage zum Aufmarschplatz der österreichischen Truppen wurde. Der Markgraf sah sich außer Stande, auf ein französisches Neutralitätsangebot einzugehen, da auf diese Weise sein Verhältnis zum Kaiser ruiniert worden wäre; statt dessen schloss er mit Österreich eine Vereinbarung über die Einquartierung und Verpflegung der für den Oberrhein bestimmten Truppen. Eine badische Kriegserklärung an Frankreich unterblieb zunächst, aber man musste erhebliche finanzielle Lasten als Ausgleich für den militärischen Schutz zahlen, den der Kaiser mit dem Angriff auf Frankreich den kleineren deutschen Fürsten zu geben gedachte. Im September 1792 ging Karl Friedrich noch einen Schritt weiter und verpflichtete sich, den verbündeten Heeren für die Dauer des Krieges auf eigene Kosten 1000 Soldaten zur Verfügung zu stellen – sie sollten in erster Linie im Rücken der kämpfenden Heere den Nachschub leisten und Festungen sichern. Als Gegenleistung für den Kriegseintritt erhielt der Markgraf die Zusage der Verbündeten, dass bei einem Friedensschluss mit Frankreich seine Rechte an den linksrheinischen Besitzungen wiederhergestellt und dass seine sämtlichen Kriegskosten ausgeglichen werden würden.

Karl Friedrich hätte sich vielleicht nicht zum Eintritt Badens in den Krieg entschlossen, wenn ihm zu diesem Zeitpunkt schon bekannt gewesen wäre, dass der Vormarsch der verbündeten Truppen aus dem Reich bereits zum Stillstand gekommen war. Sie hatten die Offensive ergriffen in der Annahme, dass die französische Armee ihnen keinen ernsthaften Widerstand würde leisten können. Allerdings behaupteten sich die Franzosen, ergriffen ihrerseits die Initiative und rückten über die Reichsgrenzen vor. In den langwierigen und von wechselndem Kriegsglück gekennzeichneten Kampfhandlungen der folgenden zwei Jahre wurde die Markgrafschaft Baden zunächst mehr durch Einquartierungen verbündeter Truppen als durch Angriffe der französischen Feinde bedrückt. Unmittelbar betroffen war Karl Friedrich dennoch: durch den Verlust seiner linksrheinischen Besitzungen, die unwiederbringlich verloren schienen, als Preußen im April 1795 in Basel einen Separatfrieden mit Frankreich abschloss. Vergeblich setzte sich der Markgraf nun für einen allgemeinen Friedensschluss ein und verprellte damit seine Verbündeten, weil der Kaiser den Krieg fortsetzen wollte. Die Situation verschärfte sich noch, als die Franzosen im Herbst 1795 erneut die Offensive ergriffen, den Rhein überquerten und Mannheim besetzten. Da die Markgrafschaft nun direkt bedroht war, verließ Karl Friedrich vorübergehend seine Residenz.

1796 geriet Baden erstmals direkt ins Visier der französischen Angriffe. Im Juni überschritten französische Truppen bei Straßburg den Rhein, am 5. Juli wurde Rastatt besetzt, und am darauf folgenden Tag verließ Karl Friedrich erneut sein Land – er ging ins fränkische Ansbach, wo er auf Einladung des preußischen Königs Quartier bezog. Mit der französischen Besetzung Badens war der Markgraf in eine Situation geraten, aus der es nur einen Ausweg zu geben schien: nämlich selbst den Abschluss eines Separatfriedens mit Frankreich zu suchen.

Separatfrieden mit Frankreich

Mit dieser Aufgabe betraute der Markgraf Sigismund von Reitzenstein, einen fränkischen Adeligen, der seit 1789 in badischen Diensten stand. Reitzenstein, der mit dieser Mission einen großen Karriereschritt machte – er wurde in den folgenden zwei Jahrzehnten zu einer der wichtigsten Figuren in der badischen Politik –, nahm Kontakt zu der französischen Militärführung in Baden auf und sondierte, zu welchen Bedingungen die Besatzer ein Ausscheren Badens aus der antifranzösischen Koalition akzeptieren würden. Reitzenstein erwirkte zunächst den Abschluss eines Waffenstillstandsvertrages, dessen Zentralpunkt der Rückzug der badischen Soldaten aus dem Reichsheer war, und im August 1796 konnte er in Paris den Frieden vereinbaren: Baden

Sigismund von Reitzenstein
(1766–1847)

trat aus der Koalition gegen Frankreich aus und verpflichtete sich, in Zukunft keiner mit Frankreich verfeindeten Macht Hilfe zu leisten. Darüber hinaus wurden die linksrheinischen Besitzungen aufgegeben – dies bedeutete die Anerkennung des französischen Anspruchs auf die Rheingrenze. Die Gegenleistungen wurden in Geheimartikeln fixiert: Für seine Verluste sollte der Markgraf zu einem späteren Zeitpunkt entschädigt werden, und zwar durch die Übertragung rechtsrheinischer Territorien, die durch Zerschlagung der geistlichen Fürstentümer gewonnen werden sollten. Da noch völlig offen war, ob sich dieser Entschädigungsplan jemals umsetzen ließ, reagierte Markgraf Karl Friedrich sehr zurückhaltend auf die Verhandlungsergebnisse. Er verweigerte zunächst die Ratifizierung und anerkannte den Friedensvertrag erst ein Jahr später, als sich auch Österreich bereit zeigte, Frieden mit Frankreich zu schließen.

Der Frieden, den Österreich 1797 mit Frankreich in Campo Formio vereinbarte, hatte gravierende Auswirkungen auf das Reich insgesamt, da der Kaiser den französischen Anspruch auf die Rheingrenze und damit die in den Vorjahren vollzogene Annexion der linksrheinischen Besitzungen deutscher Reichsfürsten anerkannte. Es trat nun die überaus brisante Frage in den Vordergrund, auf welche Weise die betroffenen Fürsten für ihre Verluste entschädigt werden sollten. Um diese Frage zu klären, die auch für den Markgrafen Karl Friedrich von großer Bedeutung war, wurde am Jahresende 1797 ein allgemeiner Friedenskongress nach Rastatt einberufen – dass man sich auf badischem Boden traf, lag nicht nur an der verkehrsgünstigen Lage, sondern auch daran, dass es Reitzenstein gelungen war, ein gutes Verhältnis zu den Franzosen herzustellen. Der Rastatter Kongress, auf dem die durch linksrheinische Verluste betroffenen Reichsfürsten versuchten, jeweils die größtmöglichen Entschädigungen für sich auszuhandeln, blieb letztlich erfolglos, weil Österreich am Jahresanfang 1799 dem Bündnis beitrat, das England und Russland geschlossen hatten, womit die zweite Etappe des langwierigen Krieges gegen Frankreich begann. Die Wiederaufnahme des Krieges brachte für den badischen Markgrafen erhebliche Probleme: Sein Land wurde erneut zum Aufmarschplatz der beiden feindlichen Heere. Neben den materiellen Lasten, die dies bedeutete, ergaben sich aber auch diplomatische Schwierigkeiten. Karl Friedrich wahrte strikte Neutralität und hielt sich damit an den Friedensvertrag, den er mit Frankreich abgeschlossen hatte, belastete dadurch aber nicht nur das Verhältnis zu Österreich, sondern auch zu Russland. Dies war insofern misslich, als die Beziehungen zum Zarenhof auf Grund verwandtschaftlicher Verbindungen bis dahin ausgesprochen gut gewesen waren: Eine Enkelin Karl Friedrichs war mit dem Großfürsten und späteren Zaren Alexander verheiratet. Wichtiger aber war die Pflege der guten Kontakte nach Paris. Hier konnte Reitzenstein immerhin durchsetzen, dass die badische Neutralität tatsächlich geachtet wurde und die Markgrafschaft von französischen Kriegssteuern verschont blieb.

Der Reichdeputationshauptschluss von 1803

Mit der Vertragstreue und dem Verzicht auf einen Beitritt zu dem antifranzösischen Bündnis hatte Karl Friedrich eine strategisch kluge Entscheidung getroffen, denn Österreich musste am Jahresende 1800 eine erneute Niederlage hinnehmen; sie wurde im Februar 1801 in dem Friedensvertrag von Lunéville besiegelt, mit dem der Kaiser den Rhein erneut als französische Grenze anerkannte. Damit kam die Entschädigungsfrage wieder auf die Tagesordnung, über die am Reichstag in Regensburg entschieden werden sollte, wo eine Reichsdeputation die Verhandlungen auf den zuvor in Rastatt geschaffenen Grundlagen fortsetzte. Die Hauptverteilungsmasse stellten die kirchlichen Besitzungen dar, denn schon in Rastatt hatte man sich auf den Grundsatz verständigt, dass die Entschädigungen für die linksrheinischen Verluste durch die Säkularisation ermöglicht werden sollten, das heißt, durch die Enteignung aller Erz- und Hochstifte. Neben der Reichskirche machte die Regensburger Reichsdeputation die Reichsstädte zum zweiten Opfer für das Entschädigungsgeschäft. Auch sie wurden zum überwiegenden Teil den Reichsfürsten zugeschlagen, die linksrheinische Besitzungen verloren hatten.

Drittes Kompensationsobjekt, und dies ist in Zusammenhang mit der badischen Geschichte besonders wichtig, wurde die Kurpfalz, die seit dem Ende des 18. Jahrhunderts in Personalunion mit dem Kurfürstentum Bayern verbunden war. Karl Theodor und sein Nachfolger Maximilian IV. Joseph, die beiden letzten Pfalzgrafen, zählten zu den großen Verlierern der Kriege gegen Frankreich. Mehr als die Hälfte der kurpfälzischen Besitzungen hatte links des Rheins gelegen und musste als dauerhaft an Frankreich verloren gelten. Es stellte sich nun die Frage, was mit dem verbliebenen rechtsrheinischen Teil der Kurpfalz geschehen sollte: Die Personalunion aufrecht zu erhalten, war eine naheliegende Option, die man in München allerdings nicht wahrnehmen wollte, weil dies den Aufbau eines geschlossenen Territorialstaates erschwert hätte. Maximilian IV. Joseph und sein Berater Montgelas verfolgten deshalb einen anderen Plan: Sie strebten bei den Kompensationsverhandlungen in Regensburg die Vergrößerung des bayrischen Besitzes an und verzichteten auf den rechtsrheinischen Rest der Kurpfalz, der somit ebenfalls in die Entschädigungsmasse fiel.

In den diplomatischen Gefechten um die zu vergebenden Territorien erzielte der badische Markgraf Karl Friedrich einen großen Gewinn. Für diesen Erfolg gab es zwei Gründe: zum einen das Verhandlungsgeschick Reitzensteins, zum anderen die Unterstützung, die dem Markgrafen durch seine russische Verwandtschaft zuteil wurde. Im März 1801 hatte Alexander den Zarenthron bestiegen, womit die Unstimmigkeiten ein Ende nahmen, die sich zwei Jahre zuvor an der badischen Neutralitätspolitik entzündet hatten. Das nun wieder gute badisch-russische Verhältnis wirkte sich auf die Verhandlungen insofern günstig aus, als Napoleon starkes Interesse an einer diplomatischen Annäherung an Russland hatte. Um diese Annäherung herbeizuführen, schienen Gunsterweisungen an den badischen Verwandten des

Zaren ein probates Mittel zu sein. Man hoffte also in Frankreich, russische Sympathien zu gewinnen, wenn man den Markgrafen von Baden für seine linksrheinischen Verluste rechtsrheinisch großzügig entschädigte. Hinzu kam noch, dass Napoleon daran dachte, in Süddeutschland mehrere kräftige Mittelstaaten aufzubauen, die langfristig als ein Puffer zwischen Frankreich und Österreich fungieren sollten.

Als die Reichsdeputation in Regensburg Ende Februar 1803 ihre Arbeit abschloss, wurde Karl Friedrich von Baden reich bedacht und erfuhr außerdem eine Rangerhöhung: Er stieg vom Markgrafen zum Kurfürsten auf. Die Besitzungen, die dem neuen Kurfürstentum zugeschlagen wurden, waren bunt gemischt: Es handelte sich unter anderem um das Hochstift Konstanz, Teile der Hochstifte Basel, Straßburg und Speyer, um die Reichsstädte Überlingen, Pfullingen, Gengenbach, Offenburg und als größten Zugewinn um die kurpfälzischen Oberämter Bretten, Ladenburg und Heidelberg sowie die beiden kurpfälzischen Residenzstädte Heidelberg und Mannheim. Vergleicht man den Zuwachs mit den linksrheinischen Verlusten, wird deutlich, wie sehr Baden von dem Länderschacher profitierte: Die verlorenen linksrheinischen Gebiete hatten etwas mehr als 25 000 Einwohner gezählt; in den neu gewonnenen Gebieten lebten knapp 250 000 Einwohner, womit sich die Gesamtbevölkerungszahl Badens mehr als verdoppelte. Ein geschlossenes Territorium stellte das badische Kurfürstentum allerdings immer noch nicht dar: Es zog sich von Mannheim als ein schmaler, weiterhin an mehreren Stellen unterbrochener Streifen bis zur Schweizer Grenze; insbesondere im Süden existierte die ungünstige Gemengelage mit den österreichischen Besitzungen fort. Der Kurfürst und seine Berater betrachteten die Vergrößerungspolitik deshalb noch keineswegs als abgeschlossen und spekulierten darauf, dass bei einer günstigen Gelegenheit vielleicht weitere territoriale Zugewinne zu machen seien.

Der Dritte Koalitionskrieg
und die Gründung des Rheinbunds

Diese Gelegenheit kam mit dem Beginn des Dritten Koalitionskriegs, als Österreich im Bündnis mit England und Russland 1805 einen erneuten Angriff auf Frankreich riskierte. Als Bayern und Württemberg, die ebenfalls zu den Gewinnern des Länderschachers von 1803 zählten, an die Seite Frankreichs traten, stellte sich auch Baden gegen die Koalition – eine Garantie der jüngsten Gewinne und die Aussicht auf weitere Vergrößerungen des badischen Territoriums waren gewichtige Argumente dafür, dieses Mal nicht Neutralität zu wahren, sondern eine Allianz mit Frankreich abzuschließen. Der Erfolg sollte Karl Friedrich Recht geben, denn den französischen Truppen gelang bei Austerlitz ein schneller Sieg, der sich für Baden auszahlte. Im Frieden von Pressburg am Jahresende 1805 musste Österreich beträchtliche Besitzungen an Baden abtreten, so dass das junge Kurfürstentum nun auch in seinen südlichen Besitzungen zu einem geschlossenen Territorialstaat wurde. In Zahlen gemessen brachte der Pressburger Frieden Karl Friedrich einen Zuwachs von weiteren 160 000 Untertanen.

Der Preis für diese Zugewinne war allerdings eine starke direkte Abhängigkeit von Frankreich. Mit der Niederlage Österreichs im Dritten Koalitionskrieg war auch das Ende der alten Reichsverfassung gekommen, das sich schon mit dem Reichsdeputationshauptschluss 1803 abgezeichnet hatte. Nachdem der Länderschacher die moralische Autorität des Reiches zunichte gemacht und zuletzt Österreich Krieg gegen die mit Frankreich verbündeten Reichsfürsten geführt hatte, war der Gedanke naheliegend, in Deutschland eine neue Ordnung zu schaffen. Das Vakuum, das in Deutschland mit dem schleichenden Verfall des Reichs entstanden war, wurde 1806 durch den Rheinbund gefüllt, einen Zusammenschluss der Mittel- und Kleinstaaten unter französischem Protektorat: Die Bundesgründung erfolgte im Juli 1806 in Paris durch zunächst 16 süd- und westdeutsche Fürsten, die dabei aber eher der Not gehorchten, als dass sie ihrer Neigung folgten. Insbesondere die Mittelstaaten Bayern, Württemberg und Baden hatten die Pläne mit Skepsis begleitet, weil der Rheinbund ihre jüngst gewachsene Unabhängigkeit bedrohte. Widerstand vermochten sie allerdings nicht zu leisten, da sie ihre neue Machtstellung in erster Linie dem Bündnis mit Frankreich verdankten, das sie nicht ohne Gefährdung ihrer territorialen Zugewinne aufgeben konnten. So mussten sie den völligen Verzicht auf eine eigenständige Außenpolitik akzeptieren, denn die Rheinbundakte bedeutete den Abschluss eines Offensiv- und Defensivbündnisses, das die Mitglieder eng an die künftigen französischen Kriegspläne band. Noch bestehende Bindungen der Rheinbundfürsten an das untergehende Reich wurden dadurch zerschlagen, dass die Rheinbundmitglieder sich förmlich vom Reich lossagten und die Geltung des Reichsrechts in ihren Landen für beendet erklärten.

Damit wurde, weil man nach dem Ende des Reiches keine Kaiserwähler mehr benötigte, auch der Kurfürstentitel obsolet, mit dem sich Karl Friedrich von Baden seit 1803 geschmückt hatte. Der neue Titel, der ihm ersatzweise zuteil wurde, war der eines Großherzogs, und auch materiell verstand es Karl Friedrich, aus dem Beitritt zum Rheinbund Kapital zu schlagen, denn er gewann weitere Gebiete hinzu – vor allem durch die sogenannte Mediatisierung, das heißt, die Einverleibung der Besitzungen kleinerer, bis dahin reichsunmittelbarer Fürsten und Ritter: Somit fiel der größte Teil der Besitzungen der Fürsten von Fürstenberg, Leiningen und Löwenstein-Wertheim an das Großherzogtum – Baden wuchs erneut um 270 000 Einwohner.

Integration durch Reformen

Der Reichsdeputationshauptschluss von 1803 und die Errichtung des Rheinbundes 1806 veränderten durch Säkularisation und Mediatisierung die politischen Konturen Deutschlands grundlegend. Es erhielt jedoch nicht nur die Landkarte ein völlig neues Aussehen, sondern die territoriale Revolution führte auch zu gravierenden Veränderungen innerhalb der deutschen Staaten – dies gilt vor allem für die Profiteure der jüngsten Umwälzungen wie das Großherzogtum Baden. Um die Folgen der territorialen Revolution zu bewältigen, begann in vielen deutschen Staaten eine weitgreifende Reformpolitik: Sie entsprang der Notwendigkeit, neu erworbene Besitzungen zu integrieren. Überdies schienen die Niederlagen in den Revolutionskriegen die Ineffizienz der in Deutschland bestehenden politischen Systeme erwiesen zu haben, wodurch sich die Bereitschaft verstärkte, bei den Integrationsmaßnahmen nach neuen Lösungen zu suchen und nicht einfach nur die bestehenden Institutionen und Gesetze auszudehnen. Das bekannteste Beispiel für die derart motivierte Modernisierungspolitik sind die Reformen, die in Preußen 1807 mit der Berufung des Freiherrn Karl vom Stein an die Spitze des preußischen Ministeriums begannen; aber auch andernorts vollzogen sich ähnliche Entwicklungen.

Die badische Reformpolitik ab 1803

In Baden setzte die Reformpolitik 1803 ein, als aus der Markgrafschaft ein Kurfürstentum wurde. Die beträchtlichen territorialen

Zugewinne ließen sich nicht einfach den bestehenden staatlichen Strukturen einverleiben: Da in den neuen Landesteilen unterschiedliche Rechts- und Verwaltungssysteme bestanden, war eine Vereinheitlichung unumgänglich.

Mit der Ausarbeitung eines Plans zur administrativen Integration wurde der Geheime Rat Johann Nikolaus Friedrich Brauer beauftragt, ein Jurist, der schon seit mehr als einem Vierteljahrhundert in badischen Diensten stand und in der Innenpolitik in den ersten Jahren nach der Jahrhundertwende eine ähnliche Schlüsselstellung innehatte wie Reitzenstein in der badischen Außenpolitik. Die Ideen der Aufklärung waren an Brauer zwar nicht spurlos vorübergegangen, aber er war kein entschiedener Reformer, der die Gelegenheit zu einschneidenden Veränderungen genutzt hätte. Brauer zielte nicht auf eine radikale Neuordnung, sondern wollte historische Traditionen und regionale Sonderinteressen möglichst schonen.

Zwischen Februar und Mai 1803 wurden 13 maßgeblich von Brauer verfasste Organisationsedikte erlassen, die das gesamte Staatsleben in Baden betrafen: die Einteilung der Staatsbehörden auf der obersten und mittleren Ebene, die Verwaltung der Kirchen, das Schulwesen und nicht zuletzt den Bereich der Justiz.

Die 13 Organisationsedikte bedeuteten zwar in vielerlei Hinsicht einen wichtigen Einschnitt in der badischen Geschichte, manche der Reformen hatten jedoch wegen der Wechselfälle des weiter andauernden Krieges in Europa keinen Bestand: zum Beispiel die von Brauer vorgenommene Einteilung des Landes in drei Provinzen, die schon nach kurzer Zeit obsolet wurde, weil sich der badische Staat als Folge des Dritten Koalitionskrieges und durch den Beitritt zum Rheinbund erneut vergrößerte. Die

neu hinzugewonnenen Gebiete – 1805 die österreichischen Besitzungen und 1806 die Territorien mehrerer mediatisierter Fürsten – waren so groß, dass sie in die gerade erst errichtete Pro-
vinzialverfassung und Ämterorganisation nicht integriert werden
konnten. Brauer sah sich mit der Notwendigkeit neuer Reformen
konfrontiert und begann mit der Ausarbeitung eines badischen
Staatsgrundgesetzes. Zwischen 1807 bis 1809 entstanden sieben
Konstitutionsedikte, die unter anderem die Kirchenverfassung
neu regelten und die Rechtsstellung der Mediatisierten festleg-
ten. Zwei weitere Edikte, mit denen Brauer die Grundsätze der
inneren Staatsverwaltung und die Gewährleistung der Staatsver-
fassung klären wollte, blieben Entwürfe, da Brauers Position in
der Regierung ins Wanken geriet: Zur neuen Zentralfigur wurde,
dank französischer Protektion, Emmerich Joseph von Dalberg,
der 1808 die obersten Staatsbehörden neu organisierte; 1809 fiel
die Leitung der Innenpolitik dann an Reitzenstein.

In diesen Personalwechseln an der Spitze der badischen Innenpolitik spiegelte sich auch die veränderte politische Situation
wider: Als Brauer 1803 mit seinen Reformen begonnen hatte,
war Baden noch ein Teil des Reiches gewesen, das sich zwar im
Prozess der Auflösung befand, aber immer noch einen rechtlichen Rahmen bildete, der den einzelstaatlichen Reformmaßnah-
men gewisse Grenzen setzte – zum Beispiel auf dem Gebiet der
Religionspolitik. Mit dem Ende des Reiches und dem Beitritt
Badens zum Rheinbund 1806 wurde der Handlungsspielraum
größer und veränderten sich auch die Orientierungspunkte für
die Reformen: Statt der Tradition galt das Augenmerk nun dem
französischen Vorbild – schließlich standen die Rheinbundstaaten unter dem Protektorat Napoleons. Zwangsläufig wurden deshalb bei den Reformen fortan auch radikalere Veränderungen
vollzogen, wie sie in Frankreich in den Vorjahren schon erprobt
worden waren.

Die Verwaltungsreform 1809

Deutlich sichtbar wurde der Kurswechsel auf dem Feld der Verwaltungsreform: Schon 1809 nahm Reitzenstein erneut eine Neuordnung des mittleren und unteren Behördenaufbaus im Großherzogtum vor. Dabei ließ er sich von anderen Grundsätzen leiten als Brauer wenige Jahre zuvor. Historische Traditionen und regionale Sonderinteressen wurden nun nicht mehr geschont; Reitzenstein wählte einen radikaleren Weg und entschied sich für eine administrative Neuordnung nach dem Vorbild des französischen Zentralismus. In einem neuen Organisationsedikt wurde Ende November 1809 die bisherige Einteilung des Landes in Provinzen aufgehoben und statt dessen das Großherzogtum in zehn Kreise eingeteilt.

An die Stelle der bisherigen Provinzverwaltungen traten als neue Mittelbehörden Kreisdirektorien, die mit weitgefassten Kompetenzen ausgestattet wurden: Sie übten das Aufsichtsrecht über das Polizeiwesen, die Zivilrechtspflege, das Schulwesen und die Kirchen aus; außerdem waren sie für die Förderung von Handel, Gewerbe und Landwirtschaft zuständig.

Die Ausdehnung staatlicher Tätigkeit, die in diesem Kompetenzkatalog der Kreisdirektorien zum Ausdruck kam, war auch insgesamt das Hauptkennzeichen des Organisationsedikts von 1809. Die Verlagerung von Zuständigkeiten von unten nach oben betraf insbesondere die Gemeinden, in denen die noch bestehenden korporativen Privilegien beseitigt wurden: Städte und Landgemeinden konnten zwar weiterhin ihre Vorsteher und Bürgermeister wählen; die Wahl bedurfte jedoch einer staatlichen Bestätigung. Auch wurde die Autonomie der Gemeinderäte beziehungsweise der Bürgerausschüsse in den Kommunen mit mehr als 3000 Einwohnern durch die staatliche Aufsicht stark beschnitten. Das Organisationsedikt von 1809 schuf auf diese Weise eine straffe Verwaltungshierarchie und beendete die bis dahin noch bestehenden regionalen Besonderheiten im Großherzogtum. Das Hauptziel der Reformen Reitzensteins war eine Effizienzsteigerung der Verwaltung, ohne die der binnen weniger Jahre um ein Vielfaches vergrößerte Staat nicht überlebensfähig zu sein schien. Als Vorbild für diese Effizienzsteigerung diente Frankreich – in Anbetracht der engen politischen Bindung des Großherzogtums an den linksrheinischen Nachbarn in den Jahren des Rheinbundes war dies nicht verwunderlich.

Rechtsentwicklung, Adelspolitik und Finanzreform

Die Reformen, die in den ersten Jahren nach dem Reichsdeputationshauptschluss und der Rheinbundgründung in Baden durchgeführt wurden, beschränkten sich nicht auf die Modernisierung der Verwaltung, sondern stellten für die alten Besitzungen und die neu erworbenen Territorien unterschiedlicher Herkunft eine innere Staatsgründung dar, die durch vielfältige Maßnahmen gekennzeichnet war. Große Bedeutung hatte die Vereinheitlichung des Rechtssystems, das von Brauer in seinen Organisationsedikten von 1803 noch stark an den alten markgräflichen Traditionen ausgerichtet wurde, während in der Rheinbundzeit das französische Zivilgesetzbuch in Baden eingeführt wurde. Nicht minder wichtig war der Vollzug der Mediatisierung, bei dem es sich allerdings um einen langwierigen Prozess handelte, der erst am Ende der Rheinbundzeit abgeschlossen wurde: Der Adel verlor seine Souveränitätsrechte, seine Steuerprivilegien, den privilegierten Gerichtsstand, die Befreiung vom Militärdienst, die Patronatsrechte für Schulen und Kirchen sowie auch seine juris-

tischen und administrativen Zuständigkeiten, als die Patrimonial-
gerichtsbarkeit aufgehoben und die adeligen Zivilverwaltungen
in die staatliche Administration eingegliedert wurden. Die 1803
begonnenen Reformen führten somit in Baden zur Ausbildung
eines bürokratischen Zentralstaats im Geiste des aufgeklärten
Absolutismus. Sowohl für die alten als auch für die neuen Untertanen bedeutete dies, dass sie nun dem staatlichen Gewaltmonopol und den vielfältigen, vor allem finanziellen Anforderungen
des modernisierten Staates unterworfen wurden.

Durch die Finanzreform, die durch ein Edikt aus dem Jahr
1808 eingeleitet wurde, vermehrten sich die öffentlichen Einnahmen schnell – sie verdoppelten sich in den folgenden zehn Jahren
auf etwas mehr als neun Millionen Gulden, allerdings ohne dass
damit die Staatsfinanzen konsolidiert werden konnten. Seit der
Wende vom 18. zum 19. Jahrhundert hatten die Ausgaben schneller zugenommen als die Einnahmen, was zu wachsenden Staatsschulden führte – Baden war in dieser Hinsicht kein Sonderfall:
Die Kosten der langjährigen Kriege und der Reformpolitik führten auch in vielen anderen deutschen Ländern zu einer hohen
Verschuldung. Baden war in dieser Hinsicht durch sein starkes
territoriales Wachstum sogar benachteiligt, da es auch die Schulden übernehmen musste, die auf den neu erworbenen Besitzungen lasteten. Insbesondere die rechtsrheinische Kurpfalz erwies
sich finanzpolitisch als ein sehr problematischer Zugewinn, da
sie hoch verschuldet war. Die nach München gerichtete Forderung, die kurpfälzischen Schulden zu teilen, fand dort kein Ge-
hör und belastete noch für lange Zeit die badisch-bayerischen
Beziehungen. Das Ausmaß der finanziellen Probleme, die durch
Kriege, Neuerwerbungen und Reformpolitik verursacht wurden,
lässt sich an der Pro-Kopf-Verschuldung ablesen, die vom Beginn
der 1790er Jahre bis 1818 auf das Sechzigfache anwuchs.

Außenpolitischer Kurswechsel

Als Karl Friedrich 1811 nach 65-jähriger Regierungszeit starb und sein Enkel Karl auf den badischen Thron gelangte, waren die Zukunftsaussichten des jungen Großherzogtums unsicher. Zu den inneren Problemen wie der Staatsverschuldung, die nicht abgebaut werden konnte, solange das Bündnis mit Frankreich zu einem hohen Militäraufwand zwang, kam die prekäre außenpolitische Lage, zumal als sich mit dem Beginn der Befreiungskriege

Großherzog Karl (1786–1818)

1813 das Blatt gegen Frankreich wendete. Verlor Frankreich als Garant der territorialen Integrität des Großherzogtums seine Hegemonialstellung in Mitteleuropa, so waren die jüngsten Zugewinne Badens massiv bedroht: Man war mit Napoleon groß geworden und drohte nun mit ihm zu fallen. Diese Situation war für Großherzog Karl besonders problematisch, weil Baden als direkter Grenzstaat zu Frankreich weniger leicht die Fronten wechseln konnte als andere Rheinbundstaaten, die sich 1813 von Napoleon abwandten und den Anschluss an das preußisch-österreichisch-russische Bündnis suchten. Für Großherzog Karl kamen noch seine verwandtschaftlichen Beziehungen zu Napoleon als Hinderungsgrund hinzu: Er war mit einer Nichte der französischen Kaiserin Josephine verheiratet.

Aus diesen Gründen erfolgte der Austritt aus dem Rheinbund, den Bayern und Württemberg schon einige Zeit zuvor vollzogen hatten, durch Baden erst Mitte November 1813 – als Ergebnis einer sehr bewegten Sitzung des Staatsrats, in der es vor allem Reitzenstein, dem früheren Architekten des badischen Bündnisses mit Frankreich, gelang, den Großherzog davon zu überzeugen, seine dynastischen Gefühle hinter realpolitischen Erwägungen zurückzustellen. Dass Frankreich den Krieg verlieren würde, schien zu diesem Zeitpunkt hinreichend sicher zu sein; man ging also kein großes Risiko ein, Opfer von französischen Strafmaßnahmen zu werden. Andererseits war es gerade noch früh genug, um von den Alliierten willkommen geheißen zu werden; hätte man noch länger gezögert, wäre Baden vermutlich zur Kriegsbeute Österreichs, Bayerns und Württembergs geworden.

Der badische Frontwechsel wurde am 20. November 1813 in dem sogenannten Frankfurter Akzessionsvertrag fixiert: Baden trat damit aus dem Rheinbund aus, stellte ein Kontingent von 8000 Soldaten zum Kampf gegen Frankreich zur Verfügung und übernahm beträchtliche finanzielle Pflichten. Dies führte zu einer weiteren Verschuldung, war aber unumgänglich, wenn man von dem antifranzösischen Bündnis aufgenommen werden wollte, das in den nächsten Wochen und Monaten über das künftige Schicksal des Großherzogtums entscheiden würde.

Bei Abschluss des Akzessionsvertrages versuchte man auf badischer Seite bereits, eine Bestandsgarantie für alle neu erworbenen Territorien zu erwirken. Dies gelang jedoch nur unter einem gewichtigen Vorbehalt: Die Souveränität und Integrität Badens wurden unter der Bedingung anerkannt, dass der Großherzog sich mit allen Regelungen einverstanden erkläre, die zur Sicherung der Unabhängigkeit Deutschlands in Zukunft nötig werden sollten – dies ließ großen Interpretationsspielraum. Den außenpolitischen Kurswechsel innenpolitisch durchzusetzen, erwies sich nicht als schwierig: Pro-französische Stimmen wurden in Baden zu diesem Zeitpunkt kaum noch laut. Dabei spielte weniger ein erwachendes deutsches Nationalgefühl eine Rolle; vielmehr herrschte Kriegsmüdigkeit vor, die vor allem durch die materiellen Lasten, die das französische Bündnis in den vergangenen Jahren verursacht hatte, genährt wurde.

Der Wiener Kongress 1814/15

Ob sich die badischen Hoffnungen, die Zugewinne der Revolutionskriege behaupten zu können, erfüllen würden, sollte auf dem Wiener Kongress entschieden werden, der im Herbst 1814 zusammentrat, um die europäische Staatenwelt neu zu ordnen und vor allem die politische Landkarte Deutschlands neu zu gestalten. Um das Rad der Geschichte zurückzudrehen und die vorrevolutionären Zustände wiederherzustellen, waren die Umwälzungen vor allem auf dem Gebiet des ehemaligen Reiches zu groß gewesen, so dass alle Forderungen, die Säkularisation und die Mediatisierung rückgängig zu machen, ins Leere liefen. Für Baden bedeutete dies, dass die Gefahr gebannt war, den von den geistlichen und kleineren weltlichen Herren erworbenen Besitz wieder aufgeben zu müssen. Allerdings stammten ja nicht alle Zugewinne von Herrschaften, die unwiederbringlich beseitigt waren, sondern man hatte auch Territorien von Staaten erhalten, die noch existierten und die auf dem Wiener Kongress ein gewichtiges Wort mitzusprechen hatten: Neben Österreich, das umfangreiche Besitzungen an Baden verloren hatte, war dies Bayern, das nun die Forderung nach Rückgabe der rechtsrheinischen Kurpfalz erhob, weil die linksrheinische Kurpfalz nach dem Sieg über Frankreich wieder in seinen Besitz gelangt war. Dass Baden sich gegenüber Österreich und Bayern behaupten konnte, lag wesentlich daran, dass auf dem Wiener Kongress der Grundsatz der Legitimität nicht strikt zur Geltung gebracht, sondern durch den Gedanken eines Mächtegleichgewichts aufgeweicht wurde. So erschien es plausibel, zwischen den Großmächten Österreich und Frankreich den Puffer kräftiger Mittelstaaten zu erhalten, den Napoleon in Süddeutschland errichtet hatte, und Baden nicht zu verkleinern. Österreich wurde deshalb für seine Gebietsverluste andernorts entschädigt. Gegen die bayerischen Ansprüche auf die rechtsrheinische Kurpfalz andererseits wurde Baden von Russland in Schutz genommen; dass Karl Friedrichs Nachkommen nicht nur nach Frankreich, sondern auch an den Zarenhof vermählt worden waren, zahlte sich nun also aus.

Als im Juni 1815 die Wiener Kongressakte unterzeichnet und damit ein Schlussstrich unter die Gebietsveränderungen der Revolutionskriege gezogen wurde, blieb die territoriale Integrität Badens gewahrt. Ein eigenes Verdienst der badischen Diplomatie war dies allerdings nicht; vielmehr profitierte man, wie schon in den Jahren zuvor, von günstigen Umständen.

Unsichere Erbfolge

Als endgültig gesichert konnte der badische Besitz allerdings auch mit der Unterzeichnung der Wiener Kongressakte noch nicht gelten, weil die Erbfolgefrage im Großherzogtum problematisch war. Großherzog Karl hatte keine männlichen Nachkommen, und seine beiden Onkel Ludwig und Friedrich, die überlebenden Söhne aus der ersten Ehe Karl Friedrichs, waren kinderlos geblieben. Karl Friedrich hatte 1787, im Alter von fast 60 Jahren, ein zweites Mal geheiratet: die nicht ebenbürtige Reichsfreiin Luise Geyer von Geyersberg, die vom Kaiser zum Ausgleich dieses Makels zur Reichsgräfin von Hochberg erhoben worden war. Ob die drei Söhne, die aus dieser späten Ehe hervorgegangen waren, Erbberechtigung für den Großherzogsthron besaßen, konnte als zweifelhaft erscheinen. Diese Zweifel wollte sich Bayern zunutze machen und sah in der ungeklärten badischen Thronfolgefrage ein Instrument, um die kurpfälzische Frage erneut auf die politische Tagesordnung zu bringen. Großherzog Karl reagierte darauf im Oktober 1817 mit dem Erlass eines Haus- und Familienstatuts, in dem die Unteilbarkeit des Landes und das Thronfolgerecht der Hochberger Kinder Karl Friedrichs festgeschrieben wurden. Internationale Bestätigung fand dieser Anspruch auf dem Aachener Kongress im Herbst 1818, auf dem die europäischen Großmächte die Erbfolge der Hochberger Linie anerkannten.

Die Verfassung von 1818

Die durch die Kriege gegen das revolutionäre Frankreich ange-
stoßenen Reformen beschränkten sich nicht auf die administrative Integration der neu erworbenen Territorien, sondern
brachten in mehreren deutschen Staaten den Übergang vom
Absolutismus zu modernen Verfassungsordnungen. Diese Entwicklung, die insbesondere für die süddeutschen Mittelstaaten
Bayern, Württemberg und Baden kennzeichnend war, hatte verschiedene Ursachen: Ein wichtiger Grund für die Entscheidung
der Monarchen und ihrer Regierungen, die vielfältigen Reformen durch die Einführung einer Verfassung zu ergänzen, waren
die hohen Staatsschulden. Damit wurde ein Prinzip wirksam, das
schon bei der Ausbildung von Landständen im Alten Reich eine
Rolle gespielt hatte: nämlich der Grundsatz, dass diejenigen, die
die öffentlichen Lasten zu tragen hatten, auch ein Recht besaßen,
bei der Verwendung der von ihnen zur Verfügung gestellten Mittel mitzusprechen. Danach war der Fürst nicht berechtigt, seine
Untertanen beliebig mit neuen Steuern zu belasten, sondern es
bestand für ihn die Notwendigkeit, sich über außergewöhnliche
Maßnahmen mit Repräsentanten wichtiger Gruppen aus seinem
Herrschaftsbereich zu verständigen. Bei den Landständen der
Territorien des Alten Reiches – in Baden übrigens hatten solche
Stände seit dem 17. Jahrhundert keine Rolle mehr gespielt – wa-
ren dies üblicherweise Vertreter des Adels, des Klerus und der
Städte, in manchen Fällen auch der Landgemeinden.

Neben dem Grundsatz, dass ein Fürst nicht willkürlich Steuern erheben konnte, der nicht nur in Baden nach der Jahrhundertwende in Anbetracht der wachsenden Staatsschulden an

Brisanz gewann, begünstigten noch zwei weitere Faktoren den Übergang von absolutistischen zu konstitutionellen Herrschaftsformen. Zum einen war es ein Gebot politischer Klugheit, die Untertanen nicht nur durch die Reformen zu belasten, sondern auch zu belohnen. Dies galt insbesondere für die potentiell instabilen Staaten, die sich als Ergebnis der Kriege zum Teil erheblich vergrößert hatten: Wenn man die neuen Untertanen nicht nur zu Steuerzahlern und Wehrpflichtigen machte, sondern sie zu Staatsbürgern mit politischen Partizipationsrechten erhob, bestand die Hoffnung, dass sie sich schneller und leichter mit den neuen Gegebenheiten abfinden würden. Wo die Tradition als identitätsstiftende Potenz fehlte, konnte ein Verfassungspatriotismus an ihre Stelle treten. Zum anderen legte auch das französische Vorbild den Gedanken nahe, Verfassungsordnungen zu etablieren – dies galt insbesondere für die Staaten, die als Mitglieder des Rheinbundes unter französischem Protektorat standen. Für sie drängte sich zwangsläufig die Frage auf, ob sie nicht auch eine Verfassung mit einem Repräsentativsystem einführen müssten, um das Modernisierungsdefizit zum linksrheinischen Nachbarn auszugleichen.

Das erste Verfassungsversprechen von 1808

In Baden, wo alle drei genannten Faktoren in starkem Maße wirksam waren, begannen die Diskussionen über die Einführung einer Verfassung im Jahr 1808, als Brauer aus seiner innenpolitischen Zentralposition verdrängt wurde und ein Kurswechsel hin zu einer entschiedeneren Reformpolitik nach französischem Muster vollzogen wurde. Dieser Kurswechsel wurde am 5. Juli 1808 in der Ankündigung Karl Friedrichs sichtbar, dass er bei den anstehenden Reformen auch daran denke, durch die Einführung einer Landesrepräsentation, also eines Landtags, das

Band zwischen sich und den Staatbürgern noch fester als bisher zu knüpfen – er erwähnte also deutlich die erhofften integrativen Wirkungen einer Verfassung. Diesem Verfassungsversprechen folgten langwierige Beratungen im Kreise der Berater des Großherzogs, die sich allerdings weder über die Zusammensetzung des Landtags noch über seine Kompetenzen einigen konnten. 1809 zeichnete sich ein Kompromiss ab, aber auch dieses Modell eines im Wesentlichen auf die Steuerbewilligung beschränkten Landtags, das mit einer hohen Altersgrenze und einer Besitzqualifikation bei den Wahlen nur einer Minderheit der Staatsbürger politische Partizipationsrechte gewähren wollte, scheiterte mit dem Ausscheiden Dalbergs aus badischen Diensten. Reitzenstein brachte zwar die administrative Integration zum Abschluss, griff die Verfassungsfrage jedoch nicht auf. Sie ruhte in Baden nach dem Scheitern der Reformpläne von 1808/1809 für einige Jahre, wurde aber schon bald wieder virulent, weil die chronische Finanzkrise den Gedanken aufkommen ließ, das Zusammengehörigkeitsgefühl der alten und neuen Untertanen durch Zugeständnisse in der Verfassungsfrage zu stärken. Dass in der badischen Bevölkerung der Wunsch nach Einführung einer Verfassung verbreitet war, konnte nicht mehr übersehen werden, denn im Herbst 1815 machten sich Proteste bemerkbar: Mehrere Adelige erhoben Anfang November in Sinsheim Klage über die bedrängte Lage des Landes; Abhilfe versprachen sie sich durch die Einberufung einer Ständeversammlung. Nur wenige Tage später traten Heidelberger Bürger mit einem ähnlichen Anliegen hervor: Sie setzten eine Eingabe an den Landesherren auf, in der sie um die Einführung von Landständen als Mittel zur Überwindung der gegenwärtigen Krise nachsuchten.

Die Verfassungsfrage seit 1814

Zu diesem Zeitpunkt war die badische Regierung ohnehin schon wieder mit der Verfassungsfrage befasst, die auch durch die Beratungen auf dem Wiener Kongress neuen Zündstoff erhalten hatte. In Artikel 13 der Bundesakte von 1815, des Grundgesetzes für die Neuordnung Deutschlands nach den Revolutionskriegen, war nämlich festgelegt worden: »In allen Bundesstaaten wird eine Landständische Verfassung statt finden«. Dieser Aufforderung konnte sich Großherzog Karl kaum entziehen, zumal auch von russischer Seite die Meinung vertreten wurde, insbesondere Baden bedürfe einer solchen landständischen Verfassung zur inneren Konsolidierung. Schon am 1. Dezember 1814 ließ Karl den beiden Verhandlungsführern der deutschen Großmächte in Wien mitteilen, dass er sich entschlossen habe, eine ständische Verfassung einzuführen, und dass bereits eine Kommission zur Ausarbeitung entsprechender Vorschläge eingesetzt worden sei. Es war dies also ein zweites Verfassungsversprechen, das dieses Mal allerdings nicht an das badische Volk gerichtet war, sondern an die deutschen Großmächte.

Mit der Einsetzung einer Verfassungskommission begannen langwierige Beratungen, die mit großen Unterbrechungen bis zum Sommer 1818 dauerten: Als im Mai 1815 erneut der Krieg gegen Napoleon ausbrach, wurden die ersten Verfassungsentwürfe beiseite gelegt. Im März des folgenden Jahres kündigte Großherzog Karl, da die Vorarbeiten bereits weit fortgeschritten seien, die Eröffnung der Ständischen Versammlung für den 1. August 1816 an, um dann aber einen Tag vor diesem Termin einen Rückzieher zu machen unter Verweis auf die am Bundestag in Frankfurt noch ausstehenden Entscheidungen über die weitere Ausgestaltung der Bundesverfassung, auf die man mit der badischen Verfassung Rücksicht nehmen müsse. Die Verfassungsarbeiten ruhten wiederum, und erst im April 1818 beauftragte

Karl Friedrich Nebenius
(1784–1857)

der Großherzog Reitzenstein mit der Überarbeitung des vorliegenden Materials. Reitzenstein übertrug diese Aufgabe dem Finanzrat Karl Friedrich Nebenius, der dann binnen kurzer Zeit einen konsensfähigen Entwurf vorlegte und damit, wenn auch nicht zum alleinigen geistigen Vater, so doch zum Autor der badischen Verfassungsurkunde wurde, die am 29. August 1818 im Regierungsblatt publiziert und damit in Kraft gesetzt wurde.

Die Aufnahme der Grundrechte in die Verfassung

Die Verfassung wurde von Großherzog Karl aus eigener Machtvollkommenheit eingeführt; es handelte sich um eine oktroyierte Verfassung, über die nicht mit einem zum Zwecke der Verfassungsvereinbarung einberufenen Landtag verhandelt wurde.

Die badische Verfassungsurkunde war kein reines Organisationsstatut, das lediglich Bestimmungen hinsichtlich der Zusammensetzung, Einberufung, Auflösung und Kompetenzen der Ständeversammlungen enthielt, sondern sie war breit angelegt und beinhaltete einen Katalog der staatsbürgerlichen Rechte, wie er sich auch in späteren deutschen Verfassungen findet, zum Beispiel der Frankfurter Reichsverfassung von 1849. Dieser badische Grundrechtskatalog umfasste als wichtigste Errungenschaften: die Gleichheit vor dem Gesetz, die durch die Garantie der Unabhängigkeit der Gerichte und den Schutz vor willkürlicher Verhaftung flankiert wurde; die Aufhebung der aus der Leibeigenschaft resultierenden Grundlasten und Dienstpflichten; die unterschiedslose Steuerpflicht; die Abschaffung von Privilegien bei der Besetzung ziviler und militärischer Staatsämter; die Freiheit des Eigentums; die Gewissensfreiheit und die Freiheit der Religionsausübung.

Die Zusammensetzung des Landtags

Neue politische Rechte erhielten die Badener durch die Einsetzung eines Landtags, der in der Verfassungsurkunde mit dem traditionellen Namen »Ständeversammlung« bezeichnet wurde, sich von den Landständen, die im Alten Reich verbreitet gewesen waren, aber deutlich unterschied. So bestand der badische Landtag aus zwei Kammern, von denen eine, die Zweite Kammer, den Charakter eines modernen Repräsentativorgans hatte. Ihr gehörten 63 Abgeordnete der verschiedenen Landesteile an, wobei unterschieden wurde zwischen den ländlichen Ämterwahlbezirken und den städtischen Wahlbezirken, die insofern privilegiert waren, als dort im Vergleich eine geringere Zahl von

Wahlberechtigten einen Abgeordneten in den Landtag entsenden konnte. Gerechtfertigt wurde diese Privilegierung in der Wahlordnung, die der Verfassungsurkunde beigefügt war, mit der größeren wirtschaftlichen Bedeutung der Städte. Da sie im Vergleich einen größeren Beitrag zum Gesamtsteueraufkommen leisteten als die Landgemeinden, sollten sie auch im Parlament stärker vertreten sein - auch hier fand also das Prinzip Niederschlag, dass die Steuerzahler über die Verwendung der von ihnen aufgebrachten Mittel mitzubestimmen hatten. Nimmt man das heutige demokratische Wahlverfahren zum Maßstab, so mag das badische Landtagswahlrecht defizitär erscheinen: Es schloss, was typisch für die Zeit war, nicht nur die Frauen aus, sondern auch diejenigen volljährigen Männer, die an ihrem Wohnort nicht über das Ortsbürgerrecht verfügten; es war nicht geheim, sondern öffentlich; schließlich wurden die Abgeordneten auch nicht direkt gewählt, sondern indirekt durch ein Wahlmännersystem, das den lokalen Eliten - den zumeist zu Wahlmännern bestellten Bürgermeistern, Pfarrern oder anderen Honoratioren - starke Einflussmöglichkeiten einräumte.

Im Vergleich mit zeitgleichen Wahlrechtsbestimmungen in den übrigen deutschen Staaten oder auch in England oder Frankreich war das badische Landtagswahlrecht erstaunlich weit gefasst: Es gewährte immerhin zwei Dritteln der erwachsenen Männer Partizipationsrechte in der Landespolitik. Anders sah es dagegen beim passiven Wahlrecht aus: Zum Abgeordneten konnte nur gewählt werden, wer ein liegenschaftliches oder gewerbliches Steuerkapital von 10 000 Gulden beziehungsweise eine jährliche Rente oder eine ständige Besoldung von wenigstens 1500 Gulden nachweisen konnte. Die Auswirkungen dieser Vermögensqualifikation waren beträchtlich: Schätzungen zufolge beschränkte sich der Kreis der Wählbaren in Baden auf etwa 6000 Personen. Die Idee, die hinter dieser restriktiven Bestimmung stand, war die Überzeugung, dass nur derjenige politisch unabhängig handeln könne, der auch materiell unabhängig sei. Zudem sollte die Vermögensqualifikation beim passiven Wahlrecht als ein Korrektiv gegen die weite Ausdehnung des aktiven Wahlrechts dienen – dass sie sozial selektiv wirkte, liegt auf der Hand.

Während die Zweite Kammer des badischen Landtags das moderne Repräsentationsprinzip verkörperte, war die ihr gleichberechtigte Erste Kammer durch altständische Elemente geprägt. Ihr gehörten die Prinzen des Großherzoglichen Hauses an, die durch die Mediatisierung zu Standesherren herabgesunkenen ehemaligen kleineren Reichsfürsten, mehrere Abgeordnete des grundherrlichen Adels, eine begrenzte Zahl vom Großherzog ernannter Mitglieder, je ein Repräsentant der katholischen und der evangelische Kirche sowie je ein Vertreter der Universitäten Freiburg und Heidelberg – das Recht, aus ihrer Mitte Vertreter in den Landtag zu entsenden, besaßen die badischen Professoren übrigens bis 1918.

Die Kompetenzen des Landtags

Die Zweite Kammer als Volksvertretung und die Erste Kammer als Interessenvertretung privilegierter Gruppen waren gleichberechtigt, lediglich in Finanzfragen besaß die Zweite Kammer das Vorrecht, Gesetzesvorlagen zuerst beraten und beschließen zu dürfen. Ohne den Konsens beider Kammern konnten Gesetze nicht zustande kommen, oder anders formuliert: Der Adel, der die Mehrheit in der Ersten Kammer bildete, verfügte über ein Vetorecht. Dies war auch der Grund dafür, dass man sich bei den Beratungen im Vorfeld der Verfassungsgebung für das Zweikammersystem entschieden hatte. Zwei Verfassungsentwürfe aus dem Jahr 1816 hatten vorgesehen, dass der badische Landtag nur aus einer Kammer bestehen sollte, in der die Adelsvertreter neben den Abgeordneten der Städte und Ämter gesessen hätten. Ein solches Modell barg die Gefahr, dass die privilegierten Mitglieder von den übrigen Abgeordneten majorisiert werden würden – in einem Zweikammersystem, in dem beide Kammern einem Gesetzesvorhaben getrennt zustimmen mussten, war dies nicht möglich.

Ein Vetorecht besaßen nicht nur die beiden Kammern, sondern auch der Monarch, der gleichberechtigt an der Legislative teilnahm: Allein ihm stand es zu, Gesetzesvorschläge vor den Landtag zu bringen, und Gesetzeskraft konnten die von den Kammern angenommenen Vorlagen erst erlangen, wenn sie auch die abschließende Zustimmung des Monarchen gefunden hatten. Dies ist ein typisches Merkmal der konstitutionellen politischen Ordnungen, die in Deutschland bis zum Ende des Ersten Weltkrieges bestanden: Es herrschte keine klare Gewaltentrennung zwischen Exekutive und Legislative, da die Monarchen nicht nur für die Bestellung und die Abberufung der Regierungen verantwortlich, sondern auch an der Gesetzgebung beteiligt waren.

Der Hauptzweck der Tätigkeit des Landtags war nach dem Willen des Verfassungsgebers die Mitwirkung an der Konsolidierung der Staatsfinanzen, dementsprechend konnte nach der badischen Verfassungsurkunde ohne Zustimmung der Stände keine Steuer erhoben werden und mussten beide Kammern den

Staatshaushalt billigen. Da dieser Haushalt für jeweils zwei Jahre aufgestellt wurde, war auch die Periodizität des Landtags gewährleistet. Der Großherzog konnte die Kammern, die kein Selbstversammlungsrecht besaßen, zwar nach Belieben auflösen, wenn er mit ihren Entscheidungen unzufrieden war, sah sich dann aber gegebenenfalls mit dem Problem konfrontiert, die Verfassung missachten und den Staatshaushalt ohne ständische Zustimmung fortführen zu müssen – dies war im Zeitalter der konstitutionellen Monarchie in Deutschland allerdings nicht der Regelfall, sondern ein außergewöhnliches Krisensymptom, wie sich Anfang der 1860er Jahre im preußischen Verfassungskonflikt zeigen sollte. In der badischen wie in den anderen zeitgleich entstandenen deutschen Verfassungen beschränkte sich die Tätigkeit der Ständeversammlung allerdings nicht auf die Steuererhebung und das sogenannte Budgetrecht, sondern erstreckte sich auch auf die Mitwirkung an allen neuen Landesgesetzen, die die Freiheit der Personen oder das Eigentum der Staatsangehörigen betrafen, wie es in der Verfassungsurkunde 1818 definiert war. Da aber Gesetze, die weder die Freiheit noch das Eigentum der Staatsangehörigen tangierten, nicht vorstellbar waren, bedeutete dies, dass alle Gesetze der Zustimmung der Kammern bedurften. Dazu gehörten auch Verfassungsänderungen, so dass eine merkwürdige Konstellation festzustellen ist: Der Großherzog von Baden hatte zwar als Souverän 1818 die Verfassung gegeben, sich aber mit der Verfassungsgebung eines Teils seiner Souveränität beraubt, da er sie zukünftig nicht nach seinem eigenen Ermessen, sondern nur im Konsens mit der Ständeversammlung ändern konnte.

Um die Besonderheiten des Typus der neuen konstitutionellen Monarchie, die hier am badischen Beispiel vorgeführt wurde, zu verdeutlichen, sei abschließend der Blick auf einige Rechte gerichtet, die dem Landtag im Vergleich zu modernen Parlamenten fehlten: Dabei ist zunächst die Gesetzesinitiative zu nennen. Der Landtag konnte sich nur mit Dingen befassen, die vom Monarchen beziehungsweise seiner Regierung an ihn herangetragen wurden, und konnte nicht selbst Gesetzesvorschläge ausarbeiten und beschließen, zu denen der Großherzog dann hätte Stellung beziehen müssen. Nach dem Willen des Verfassungsgebers und auch nach ihrem Selbstverständnis agierte die Ständeversammlung, zunächst jedenfalls, defensiv und sah ihre Hauptaufgabe darin, staatliche Zugriffe auf die Freiheit und das Eigentum der Staatsangehörigen auf ihre Notwendigkeit zu überprüfen und gegebenenfalls abzuwehren. Die Rolle, die ihr durch die Verfassung übertragen wurde, war in erster Linie eine korrigierende, nicht eine gestaltende. Daraus ergab sich auch, dass Regierungsbildung und Regierungspolitik in der Alleinkompetenz des Monarchen verblieben. Auf die Besetzung der Ministerien sowie auf andere Personalentscheidungen im zivilen und militärischen Staatsdienst hatte der Landtag keinen Einfluss. Auch stand es nicht in seiner Macht, eine politisch missliebige Regierung abzusetzen. Während also der Monarch in der konstitutionellen Monarchie des 19. Jahrhunderts noch starke legislative Kompetenzen besaß, blieben andererseits den Ständen jegliche exekutiven Befugnisse verwehrt.

Die Verfassungskämpfe der 1820er Jahre

Die Einführung der badischen Verfassung wurde in weiten Teilen des Landes positiv aufgenommen. Dabei wurden die integrativen Motive, die der Verfassungsgebung zugrunde lagen, durchaus gewürdigt. Karl von Rotteck zum Beispiel, der spätere Führer der liberalen Opposition in Baden, sah 1818 die Bedeutung der Verfassung darin, dass sie den Einwohnern des zusammengestückelten Landes ein politisches Leben als Volk gebracht habe. Bislang seien sie Baden-Badener, Durlacher, Breisgauer, Pfälzer, Nellenburger, Fürstenberger, Freiburger, Konstanzer, Mannheimer gewesen. Jetzt aber seien sie alle, vom Odenwald bis zum Bodensee, fest aneinander geschlossen, die Glieder eines lebendigen Leibes und von einem Gesamtwillen bewegt. Bei allem Enthusiasmus war bei Rotteck aber auch eine gewisse Skepsis zu erkennen, denn er meinte, dass günstige Umstände nötig seien,

Karl von Rotteck (1775–1840)

um das Gedeihen der badischen Verfassung zu ermöglichen. Die Entwicklungsperspektiven wurden in der Tat durch externe Faktoren begrenzt, die zunächst zu skizzieren sind, bevor die Anfänge der Verfassungswirklichkeit im Großherzogtum geschildert werden können.

Das Großherzogtum im Deutschen Bund

Der wichtigste externe Faktor war die Mitgliedschaft Badens im Deutschen Bund, der 1815 auf dem Wiener Kongress gegründet worden war, um die internationalen Verhältnisse nach den mehr als 20 Jahre währenden Kriegen im Gefolge der Französischen Revolution neu zu ordnen. Teil dieser umfassenden Neuordnung war das künftige Verhältnis der deutschen Staaten zueinander, das seit der Auflösung des Reiches im Jahr 1806 ungeklärt war. An seine Stelle trat nun ein Staatenbund, der von den europäischen Großmächten mit der Unterzeichnung der Kongressakte in Wien völkerrechtlich anerkannt wurde.

Die Mitglieder dieses völkerrechtlichen Vereins souveräner Fürsten und Städte waren sehr heterogen. Sowohl im Gebietsumfang als auch in der Bevölkerungszahl gab es sehr große Unterschiede zwischen den 41 Mitgliedsstaaten – die beiden Großmächte Österreich und Preußen stellten fast zwei Drittel der Gesamteinwohnerzahl des Bundes, Baden lag hinter den übrigen Königreichen im vorderen Mittelfeld, was die Bevölkerungszahlen betraf. Bei der Verteilung der Kompetenzen im Bundestag, der zugleich Legislative und Exekutive des Bundes darstellte, war die unterschiedliche Größe seiner Mitglieder nur von nachgeordneter Bedeutung. Im Bundestag, dem die von den Monarchen ernannten weisungsgebundenen Bevollmächtigten angehörten, führten sämtliche Bundesmitglieder Stimmen: Im Plenum waren die Stimmen moderat gestaffelt; die fünf größten Staaten hatten dort jeweils vier Stimmen, die übrigen je nach Größe zwischen einer und drei Stimmen. Österreich und Preußen waren also nicht in der Lage, den Bundestag zu majorisieren, zumal Entscheidungen im Plenum mit Zweidrittelmehrheit gefasst werden mussten. In dem zweiten Entscheidungsgremium, dem Engeren Rat, der in der Praxis die Hauptarbeit leistete, war die Größe und damit die politische Macht der Mitglieder ebenfalls nicht das entscheidende Kriterium: Er umfasste 17 Stimmen, von denen die elf größten Staaten jeweils eine besaßen, während die übrigen Stimmen geteilt wurden.

Der Bundeszweck war in Artikel 2 der Bundesakte definiert als die Erhaltung der äußeren und inneren Sicherheit Deutschlands. Diesem Zweck entsprechend sicherten die Bundeskompetenzen zum einen die Verteidigungsfähigkeit nach außen. Der Bund konnte völkerrechtlich agieren, in Beziehungen zu anderen Staaten treten, Gesandte austauschen, Bündnisse abschließen und Kriege führen. Dass dem äußeren Schutzbedürfnis der Mitglieder durch die Bundesverfassung vorrangige Bedeutung zugemessen wurde, erklärt sich durch die Kriegserfahrungen der beiden vorangegangenen Jahrzehnte.

Der Zweck des Bundes war nicht nur die Abwehr von Angriffen, die von außen kamen, die Verfassung regelte vielmehr auch das Verhältnis der deutschen Staaten zueinander und schloss entsprechend eine Kriegsführung zwischen den Bundesgliedern aus. Konflikte zwischen ihnen, die etwa als Folge der jüngsten territorialen Umwälzungen aufbrechen konnten, sollten nur noch durch Bundesvermittlung oder durch Gerichtsverfahren beigelegt werden.

Abgesehen von den sicherheitspolitischen Maßnahmen waren die Kompetenzen des Bundes gegenüber den Einzelstaaten gering. Zwar behielt die Verfassung dem Bund das unbeschränkte Recht vor, Bundesgesetze zu erlassen, deren Befolgung den Einzelstaaten auferlegt wurde; in der politischen Praxis der folgenden Jahre und Jahrzehnte wurde von dieser Generalermächtigung allerdings nur in sehr begrenztem Umfang Gebrauch gemacht.

Umstritten war schon auf dem Wiener Kongress und auch in der Folgezeit vor allem die Frage, inwiefern der Bund das Recht habe, auf die Gestalt der politischen Ordnung in den Einzelstaaten Einfluss zu nehmen. Abgesehen von den Freien Städten gab es in den Mitgliedsstaaten überall monarchische Ordnungen, die allerdings sehr unterschiedlich ausgeprägt waren. Verfassungen, die die Mitwirkung von Ständen an der Erhebung von Steuern und an der Gesetzgebung regelten, gab es 1815 in kaum einem der Mitgliedsstaaten des Bundes, und in dem berühmten Artikel 13 der Bundesakte wurde in einer Kompromissformel lediglich in Aussicht gestellt, dass »in allen Bundesstaaten eine landständische Verfassung statt finden« werde. Da es aber insbesondere in den beiden größten Mitgliedsstaaten, in Österreich und in Preußen, nicht zur Einsetzung von Verfassungen kam, blieb das Problem der Auslegung des Artikel 13 der Bundesakte virulent, und auch 1820 konnte sich der Bund nicht zu einer präziseren Regelung dieser wichtigen Frage durchringen. Die Wiener Schlussakte behandelte die Verfassungsfrage zwiespältig, indem sie einerseits die Verpflichtung zur Einrichtung von Verfassungen erneut proklamierte, aber andererseits die Bundesmitglieder davor warnte, bei der Verfassungsgebung zu große Konzessionen zu machen: So durften die einzelstaatlichen Verfassungen das monarchische Prinzip nicht beeinträchtigen, demzufolge der Fürst die gesamte Staatsgewalt besaß, und außerdem die Fürsten nicht in der Ausübung ihrer Bundespflichten hindern. Mit den Bestimmungen der Wiener Schlussakte drohten also jenen Fürsten, die ihre volle Souveränität nicht gegen die neu eingerichteten Landtage verteidigten, Sanktionen des Bundes.

Großherzog Ludwig von Baden

Für die deutschen Verfassungsstaaten, also auch für Baden, änderten sich nun die Vorzeichen: Nachdem die Fürsten 1815 gedrängt worden waren, die absolutistischen Herrschaftsformen aufzugeben, wurde ihnen nun vom Bund vorgegeben, ihre monarchische Souveränität im Umgang mit ihren Landtagen zu schützen. Für diejenigen Fürsten, die ohnehin nur widerwillig zu einem Repräsentativsystem übergegangen waren, war dies ein willkommenes Signal, nun wieder ihre eigenen Rechte stärker zu betonen und die Konfrontation mit den Landständen zu suchen. In die Kategorie der Fürsten, die sich nur widerwillig mit den neuen politischen Verhältnissen arrangierten und nach Gelegenheiten suchten, die gerade erst gewährten Verfassungen konservativ zu modifizieren, um ihre eigene Stellung zu stärken, gehörte Großherzog Ludwig von Baden, der seinem im Alter von nur 32 Jahren verstorbenen Neffen Karl am Jahresende 1818 auf dem Thron nachfolgte – Karl hatte die Einsetzung der Verfassung, die er so lange verzögert hatte, also nur um wenige Wochen überlebt.

Der neue Großherzog war der dritte Sohn aus Karl Friedrichs erster Ehe und bei seiner Thronbesteigung schon 55 Jahre alt. Eine systematische Vorbereitung auf das Herrscheramt hatte er nicht genossen – dass er als jüngster von drei Söhnen auf den badischen Thron kommen würde, war nicht abzusehen gewesen. Ludwig hatte statt dessen eine militärische Karriere eingeschlagen und war in preußische Dienste getreten.

Von seinen Anlagen und seiner Ausbildung her wäre Ludwig eher prädestiniert gewesen, ein absolutistischer Herrscher zu sein; nun aber erbte er 1818 nicht nur den Thron, sondern auch

die Verfassung. Sie sogleich wieder aufzuheben oder wirkungslos zu machen, indem er die Landstände einfach nicht einberief,
war eine Versuchung, der er jedoch aus realpolitischen Einsich-
ten heraus nicht nachgab. Es wäre dies eine offene Abkehr von
der bisherigen Integrationspolitik gewesen, deren Konsequenzen
nicht absehbar waren. Ludwig wurde somit wider Willen zum
ersten konstitutionellen Herrscher in Baden.

Der erste badische Landtag 1819

Die Wahlen für den ersten Landtag fanden im Frühjahr 1819 statt.
Sein Tagungsort war zunächst das Karlsruher Schloss, in dem für
die beiden Kammern Säle zur Verfügung gestellt wurden. Was
die soziale Zusammensetzung der Zweiten Kammer betraf, so
dominierte dort das gehobene Bürgertum – in Anbetracht der
starken Beschränkung des passiven Wahlrechts und des indirekten Wahlverfahrens war dies nicht erstaunlich. Auffällig ist der
hohe Anteil von Staatsdienern: 1819 machten die Beamten ein
Drittel der Mitglieder der Zweiten Kammer aus, und in den folgenden Jahren stieg ihre Zahl sogar noch weiter an. Über das
politische Profil der Abgeordneten lässt sich nur schwer etwas sagen: Parteien gab es noch nicht, und erst allmählich bildeten sich
lockere Abgeordnetengruppen um einzelne prominente Kammermitglieder. Ihrem Selbstverständnis nach waren die meisten
Abgeordneten Liberale. Wer für sich reklamierte, ein Liberaler
zu sein, war damit keineswegs auf ein detailliertes politisches
Programm festgelegt; der Begriff kennzeichnete eher in grober
Form eine Weltanschauungsgemeinschaft. Die Werte, die dabei
eine zentrale Rolle spielten, waren: die Ideen der Aufklärung,
die Autonomie des Individuums sowie der Rechts- und Verfas-
sungsstaat. Die seit der Jahrhundertwende eingeleiteten Reformen wurden von den Liberalen begrüßt, zugleich forderten sie

ihre konsequente Fortsetzung. Ähnlich war auch ihre Einstellung zu der neuen konstitutionellen Ordnung: Die Verfassung war für sie ein Ausgangspunkt für weitere Reformen des politischen Systems und nicht ihr Schlussstein.

Wie weit die Reformvorstellungen der Liberalen in der Zweiten Kammer reichten, lässt sich anhand einer Reihe von Motionen ablesen, die von verschiedenen Abgeordneten schon im April 1819 in den Landtag eingebracht wurden – die Kammern besaßen zwar nicht das Recht der Gesetzesinitiative, konnten aber Motionen beschließen, das heißt, den Landesherrn und seine Regierung um die Vorlage eines Gesetzentwurfs bitten. Der Forderungskatalog, der gleich nach Landtagseröffnung aufgestellt wurde, umfasste die Aufhebung der Zollschranken im Deutschen Bund, die Einführung von Geschworenengerichten in Strafsachen, die vollständige Trennung von Verwaltung und Justiz, die Fortsetzung der Agrarreformen sowie ein Gesetz über die Verantwortlichkeit der Minister und übrigen Staatsdiener. Diese weitgreifenden Motionen wurden von Großherzog Ludwig und seiner Regierung keineswegs erfreut aufgenommen, zumal sie nur eine kurze Landtagssession vorgesehen hatten, in der die Kammern möglichst rasch und ohne Abstriche das Budget bewilligen sollten – was die Zweite Kammer im Übrigen nicht tat: Sie kürzte unter anderem den Militäretat.

Zum Hauptstreitpunkt wurden indes weder die Budgetkürzungen noch die weitgreifenden Motionen, sondern die Meinungsverschiedenheiten in der Adelsfrage, die nach dem Ende der Rheinbundzeit wieder akut geworden war, weil sich insbesondere die mediatisierten Reichsfürsten für eine Wiederherstellung ihrer Privilegien einsetzten. Einen Ansatzpunkt, den in der Reformzeit erlittenen Privilegienverlust rückgängig zu machen, bot für den Adel die Wiener Bundesakte von 1815, die ihm wieder einige Sonderrechte zugesprochen hatte. Um diese auch in Baden geltend zu machen, hatten Großherzog Karl im April 1818 und sein Nachfolger Ludwig im Frühjahr 1819 Adelsedikte erlassen. In der Zweiten Kammer des Landtags stieß dieses Vorgehen auf starke Kritik – zum einen, weil man mit dem Inhalt unzufrieden war, zum anderen, weil die Verfahrensweise anstößig erschien: Das zweite Edikt war wenige Tage vor Einberufung des Landtags erlassen worden, der neuen Gesetzen seine Zustimmung erteilen musste – dies hätte also auch für das Adelsedikt gelten müssen. Ihrem Unmut gaben die Abgeordneten der Zweiten Kammer in einer Motion Ausdruck, die den Großherzog ersuchte, das Edikt nicht in Vollzug zu setzen. Die Reaktion Ludwigs war harsch: Er vertagte die Kammern.

Repressionen gegen die Opposition

Die Situation der Liberalen war nach der Vertagung des Landtags im Sommer 1819 misslich, zumal auch auf der Ebene des Deutschen Bundes in diesen Wochen ein konservativer Kurswechsel vollzogen wurde. Inzwischen zielte die Bundespolitik darauf, Repressionsinstrumente zu schaffen, um die National- und Freiheitsbewegung, die sich seit 1815 langsam ausbreitete, auszuschalten. Die deutschen Regierungen, allen voran die österreichische, machten deutlich, dass sie es mit der Wahrung der inneren Sicherheit, die 1815 in der Verfassung als Bundeszweck proklamiert worden war, ernst meinten, indem sie auf die ersten Aktionen einer nationalen Opposition in Gestalt der Burschenschaften scharf reagierten.

Seitens der österreichischen Regierung bestand schon früh der Wille, die Opposition, die an den Universitäten ihre Heimat hatte, zu unterdrücken. Der österreichische Kanzler Metternich setzte sich mit entsprechenden Vorschlägen allerdings 1818 noch nicht durch und konnte erst im folgenden Jahr die Mitglieder des Deutschen Bundes für restriktive Maßnahmen gewinnen, als die Ermordung des Dichters August von Kotzebue in Mannheim durch den radikalen Burschenschaftler Karl Ludwig Sand einen willkommenen Anlass bot.

Auf einer Konferenz in Karlsbad im August 1819 verständigten sich die Regierungen der größeren Staaten auf ein Paket von Maßnahmen, die fast 30 Jahre in Kraft blieben und starke Rückwirkungen auch auf das politische Klima in Baden hatten: die Überwachung und Säuberung der Universitäten, die Einführung einer bundesweiten Vorzensur für Druckschriften sowie die Einrichtung einer zentralen Untersuchungskommission in Mainz, die sich einen Überblick über das Ausmaß der revolutionären Umtriebe im Bundesgebiet verschaffen sollte.

In Zusammenhang mit der Repressionspolitik des Bundes wurde auch die Möglichkeit eines generellen Verbots von Repräsentativverfassungen in Deutschland erörtert, aber schließlich verworfen, da insbesondere die Mittelstaaten hierin einen unstatthaften Eingriff in ihre Autonomierechte sahen. Somit entfiel die Option, die badische Verfassung mit den Mitteln des Bundesrechts auszuhöhlen oder aufzuheben, und Großherzog Ludwig und seine Regierung mussten notgedrungen die vertagten Kammern im Juni 1820 wieder zusammentreten lassen. Bei der Eröffnung des Landtags war allerdings deutlich zu erkennen, dass sich die Zeiten geändert hatten: Der Großherzog stellte das Schloss dieses Mal nicht zur Verfügung, so dass die Kammern in angemieteten Privaträumen tagen mussten. Ähnlich symbolträchtig war der Umstand, dass der Großherzog den Landtag dieses Mal nicht selbst eröffnete, sondern einen seiner Staatsräte schickte, der die Abgeordneten ermahnte, sich auf die wichtige Aufgabe der Budgetberatungen zu konzentrieren und von den minder wichtigen Gegenständen abzusehen – gemeint war damit das umfangreiche Reformprogramm, das die Zweite Kammer im Vorjahr mit ihren Motionen auf die politische Tagesordnung gebracht hatte.

Die Landtage 1820 und 1822/23

Die Landtagsverhandlungen verliefen dann auch in der Tat sehr viel ruhiger als im Vorjahr; dies lag vor allem an der Zurückhaltung der Liberalen in der Zweiten Kammer, die in Anbetracht der jüngsten bundespolitischen Entwicklungen eine Grundsatzkontroverse mit dem Großherzog und seiner Regierung für aussichtslos hielten und sich kooperationsbereit zeigten. Die von der Regierung eingebrachten Gesetzentwürfe fanden die Zustimmung der Kammern, und auch das Budget wurde mit einigen kleinen Kürzungen angenommen, die von der Regierung akzeptiert wurden. Als der Landtag nach nicht einmal dreimonatiger Dauer Anfang September 1820 geschlossen wurde, fand selbst der Großherzog anerkennende Worte. Dass der Gegensatz zwischen dem autokratischen Monarchen und den reformfreudigen Liberalen in den Kammern nur kurzzeitig überdeckt worden war, zeigte sich beim nächsten Landtag, der im März 1822 zusammentrat, als die Liberalen eine Reihe von brisanten Themen auf die Tagesordnung nahmen: die deutsche Zollpolitik, die Gewerbefreiheit und die Justizreform. Großherzog Ludwig entschärfte die Situation zunächst dadurch, dass er im August die Landtagsgeschäfte für drei Monate unterbrach; bei Wiederzusammentritt der Kammern – in einem inzwischen fertig gestellten eigenen Landtagsgebäude – eskalierten die Spannungen, weil die Regierung sich in der Zwischenzeit auf einen harten Konfliktkurs fest-

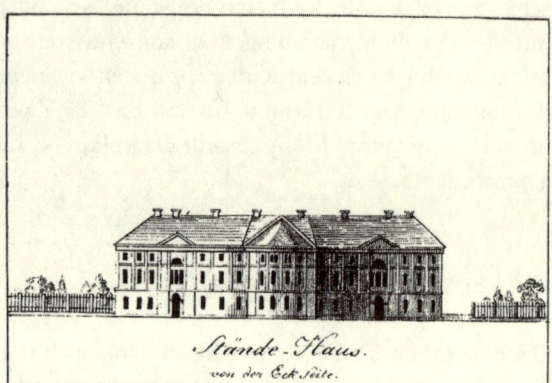

Ansicht des von 1820–1822 entstandenen und im Zweiten Weltkrieg zerstörten Karlsruher Landtagsgebäudes

gelegt hatte für den Fall, dass es bei den anstehenden Beratungen über das Budget zu Meinungsverschiedenheiten kommen sollte. Hauptstreitpunkt war der Militäretat, den die Zweite Kammer nicht in der von der Regierung vorgelegten Höhe akzeptierte, woraufhin der Landtag Ende Januar 1823 vom Großherzog geschlossen wurde. Dass ein ordnungsgemäßes Budget nicht zu Stande gekommen war, nahm die Regierung in Kauf.

Die Aushöhlung der Verfassung

In der Folgezeit wurden erneut Gedankenspiele angestellt, ob man sich nicht der Verfassung entledigen und zu einem absolutistischen Herrschaftssystem zurückkehren solle; diesen Schritt zu vollziehen, wagten der Großherzog und seine Regierung dann doch nicht: zum einen, weil er durch das Bundesrecht nicht gedeckt gewesen wäre, zum anderen, weil die innenpolitischen Auswirkungen unkalkulierbar erschienen. Als einziges Mittel zur Stärkung der Position des Monarchen im politischen System blieb die Änderung der Verfassung auf verfassungsmäßigem

Wege, das heißt, mit Zustimmung des Landtags, die aber nur zu erzielen war, wenn die Zweite Kammer ein anderes politisches Profil haben würde als 1822/23. Um dieses Ziel zu erreichen, begann die Regierung im Vorfeld der Wahlen zum nächsten Landtag, der am Jahresanfang 1825 zusammentreten sollte, eine breit angelegte Kampagne, mit der die Rückkehr derjenigen Abgeordneten verhindert werden sollte, die 1823 gegen das Militärbudget gestimmt hatten. Die Mittel dieser Kampagne waren Schikanen gegen die Staatsdiener unter den Abgeordneten sowie die systematische Beeinflussung der Wahlmänner in den Wahlbezirken. Die von der Regierung mit großem Eifer betriebene Wahlmanipulation brachte die gewünschten Ergebnisse, denn die oppositionellen Liberalen verschwanden 1825 fast ganz aus dem Parlament. Der neu gewählte Landtag kam den Wünschen der Regierung entgegen und bewilligte dieses Mal auch das Budget ohne nennenswerte Abstriche.

Die wichtigste Entscheidung, die in der kurzen Landtagssession getroffen wurde, war eine Verfassungsänderung: Mit großer Mehrheit stimmten die Kammern einer Verlängerung der Budgetperiode zu. In der Verfassungsurkunde von 1818 war festgelegt worden, dass der von dem Landtag zu bestätigende Haushaltsplan für zwei Jahre gelten sollte – es war damit sichergestellt, dass der Landtag alle zwei Jahre zusammenkommen musste und sein Budgetrecht anwenden konnte. Dieser Zeitraum wurde nun auf drei Jahre ausgedehnt, das heißt, der Großherzog und seine Regierung wurden fortan seltener genötigt, mit dem Parlament über den Staatshaushalt zu verhandeln. Der Landtag schmälerte somit die eigenen Einflussmöglichkeiten – der Vorwurf der bewussten Selbstverstümmelung des Landtags lässt sich schwerlich entkräften.

Nicht ganz so drastisch muss man die zweite Verfassungsänderung beurteilen, der die Kammern 1825 ebenfalls zustimmten. Sie betraf die Mandatsdauer der Abgeordneten: In der Verfassungsurkunde war die so genannte Partialerneuerung des Landtags festgelegt worden, das heißt, die Abgeordneten wurden für acht Jahre gewählt, wobei alle zwei Jahre ein Viertel der Mandatsträger ausgewechselt wurde. Die Idee, die hinter dieser Regelung stand, war die Überzeugung, dass eine personelle Kontinuität in der Parlamentsarbeit vorteilhaft sei: Momentane Meinungsschwankungen der Wähler würden sich nicht negativ auswirken. Von diesem Prinzip wich man 1825 ab und führte die Integralerneuerung ein: Fortan sollten alle Mandatsträger für sechs Jahre gewählt werden – für die Regierung bedeutete dies in kurzfristiger Perspektive, dass man mit dem willfährigen Landtag, der 1825 durch die Wahlmanipulationen zu Stande gebracht worden war, länger rechnen konnte.

Die Auswirkungen der französischen Julirevolution 1830

Die Verfassungsänderungen von 1825 brachten zunächst die erwünschten Wirkungen, denn der Landtag trat 1828 personell nahezu unverändert wieder zusammen, und auch seine politische Haltung war gleich geblieben. Die Landtagssession dauerte nicht einmal drei Monate und verlief ohne nennenswerte Konflikte mit der Regierung, die das Finanzgesetz und ihre übrigen Gesetzesvorhaben problemlos durch die Kammern brachte. In Baden schien es also gelungen zu sein, die Gefahren des Repräsentativsystems für das monarchische Prinzip einzudämmen. Folgerichtig beglückwünschte der österreichische Kanzler Metternich, dessen Name zum Synonym für die Restaurationspolitik in Deutschland seit 1815 geworden ist, den leitenden badischen Minister Leopold Reinhard von Berstett: Die badische Regierung gleiche einer Fackel, die durch tiefe Nacht leuchte. Dem Großherzog sei es vorbehalten gewesen, in Deutschland im Kampf gegen das Schlechte vorzugehen, und er werde die Früchte einer guten Aussaat ernten können. Diese Früchte konnte Ludwig allerdings nicht lange genießen, denn er starb im Frühjahr 1830, wodurch der Thron frei wurde für den ersten Erben aus der Hochberger Linie des großherzoglichen Hauses, Leopold, den ältesten Sohn aus der zweiten Ehe Karl Friedrichs.

Großherzog Leopold von Baden

Thronwechsel bedeuteten im 19. Jahrhundert häufig auch einen politischen Systemwechsel - zum Beispiel die Übernahme der

Regentschaft in Preußen durch Wilhelm I. im Jahre 1858, die das Ende der Reaktionsepoche nach der Niederschlagung der Revolution von 1848/49 markierte. Die Bedeutung solcher Thronwechsel lag nicht unbedingt darin, dass ein neuer Monarch vieles anders machen wollte als sein Vorgänger; wichtiger war eher, dass diejenigen, die unter dem alten System gelitten hatten, wieder neue Hoffnungen schöpften und die politische Lethargie ein Ende fand – dies gilt für die preußischen Liberalen 1858 ebenso wie für die badischen Oppositionellen 1830, die bereitwillig annahmen, dass nun bessere Zeiten anbrechen würden, auch wenn über die politischen Anschauungen der neuen Monarchen nur wenige verlässliche Informationen vorlagen. Da es kaum so schlimm kommen konnte wie unter ihren Vorgängern, wurden sie mit Vorschusslorbeeren bedacht: Wilhelm I. von Preußen, der sich dann keineswegs als liberaler Fürst erweisen sollte, ebenso wie knapp 30 Jahre zuvor Leopold von Baden, der schnell zu einem Bürgerfreund verklärt wurde und im Vergleich mit seinem unpopulären Stiefbruder Ludwig nur über gute Eigenschaften zu verfügen schien.

Dass das Jahr 1830 einen Einschnitt in der Geschichte des Großherzogtums darstellt, lag indes nicht nur an den Zufälligkeiten der Erbfolge. Ebenso große Bedeutung für den weiteren Gang der badischen Politik hatten externe Faktoren: Die politische Friedhofsruhe, die in den 1820er Jahren im Deutschen Bund durch die Karlsbader Beschlüsse geschaffen worden war und die auch die Voraussetzung für die Konfrontationspolitik Großherzog Ludwigs gebildet hatte, war nicht von Dauer. Dass die deutsche Freiheits- und Nationalbewegung nur zeitweise mundtot gemacht, aber nicht zerschlagen worden war, zeigten die massiven Auswirkungen, die von der französischen Julirevolution 1830 auf Deutschland ausgingen. Der Sturz des französischen Königs Karl X. und die Einsetzung des Bürgerkönigs Louis-Philippe – in Frankreich endete damit die Phase der Revolutionsbewältigung

Großherzog Leopold (1790–1852) mit seiner Familie

durch ein reaktionäres Regime – wurden in weiten Teilen Europas als ein Signal für das Ende der Restaurationsepoche überhaupt verstanden und verursachten im Gebiet des Deutschen Bundes Unruhen zunächst auf einzelstaatlicher Ebene, wobei die Hauptkrisenherde das Königreich Sachsen, das Herzogtum Braunschweig und Kurhessen waren. Der Kurswechsel in Baden von 1830 lässt sich also nicht allein durch landespolitische Entwicklungen erklären, sondern war auch die Folge eines allgemeinen politischen Trends.

Leopold war 1790 geboren – er stand also schon im 40. Lebensjahr, als er seinem älteren Stiefbruder Ludwig als Großherzog nachfolgte. Anders als sein Vorgänger hatte Leopold keine starken militärischen Neigungen, und auch politische Ambitionen zeigte er zunächst nicht – dies blieb auch so, als die Thronfolgeansprüche der Hochberger Linie des badischen Hauses endgültig bestätigt wurden und somit die Möglichkeit näher rückte, dass er selbst Großherzog werden würde. Leopold lebte recht zurückgezogen und exponierte sich in den Verfassungskämpfen der 1820er Jahre nicht: Dies allein schon machte ihn für die liberale Opposition zu einem Hoffnungsträger. Die Thronbesteigung Leopolds Ende März 1830 wurde folglich in weiten Teilen des Landes sehr positiv aufgenommen – die ersten Rundreisen, die er durch das Großherzogtum unternahm, machten deutlich, dass ihm ein großer Vertrauensvorschuss gewährt wurde.

Ob dem Thronwechsel in Baden auch ein politischer Systemwechsel folgen würde, war in den ersten Wochen ungewiss. Ein umfangreiches Personalrevirement gab es zunächst nicht, vielmehr vertraute der neue Großherzog auf die bewährten Minister, allen voran auf den Freiherrn von Berstett, der als badisches Pendant zum Fürsten Metternich gelten kann, und auf den Innenminister Christian von Berckheim, der den Liberalen kaum weniger verhasst war. Den Entschluss, die beiden Hauptrepräsentanten des Restaurationsregimes in Baden in ihren führenden Stellun-

Ludwig Winter
(1778–1838)

gen abzulösen, traf Leopold erst einige Monate später unter dem
Eindruck der französischen Julirevolution. Zwar blieb es in Baden vorerst ruhig; aber es war zu erwarten, dass sich auch im
Großherzogtum die Opposition erheben und die Gelegenheit zur
Wiederaufnahme der Reformprojekte suchen würde, die in den
Landtagen von 1819 und 1822/23 auf die Tagesordnung gebracht
worden waren. Gerade noch rechtzeitig, bevor der Vertrauensvorschuss aufgezehrt war, nahm Leopold am Jahresende 1830
eine Regierungsumbildung vor: Berstett und Berckheim verloren
ihre Ämter; zum führenden Kopf des neuen Kabinetts wurde Innenminister Ludwig Winter, ein lang gedienter hoher Beamter,
der 1819 der Zweiten Kammer angehört und dort demonstriert
hatte, dass er weiteren Reformen gegenüber aufgeschlossen war.
Seine Ernennung zum Minister war ein deutliches Signal an die
liberale Opposition, dass die seit 1823 verfolgte Politik der konsequenten Reformblockade nicht fortgesetzt werden sollte.

Der Landtag 1831

Ob diesem Signal auch Taten folgen würden, mussten die Wahlen zum Landtag erweisen, der verfassungsgemäß 1831 wieder zusammentreten sollte. Innenminister Winter konnte Leopold davon überzeugen, Wahlbeeinflussungen nach dem Vorbild von 1825 zu unterlassen. Dass der Verzicht auf Manipulationen gravierende Folgen haben konnte, war den Beteiligten klar – besonders schwer wog der Umstand, dass eine komplette Neuwahl der Kammern anstand. Durch die Verfassungsänderung von 1825 – die Gesamt- statt Teilerneuerung der Zweiten Kammer – bestand nun die Aussicht, dass die Liberalen sogleich die Mehrheit stellen und, beflügelt durch die Nachrichten von der Revolution in Frankreich, mit weitreichenden Reformforderungen die Regierung in die Enge treiben würden. In der Tat veränderte sich das politische Profil der Zweiten Kammer durch die Landtagswahlen von 1831 grundlegend: Etwa 20 der 63 Abgeordneten der Zweiten Kammer waren entschiedene, ein weiteres Dutzend gemäßigte Liberale. Zu dezidierten Regierungsanhängern zählten nur zehn Abgeordnete, die übrigen 20 waren politisch indifferent. Als Führer der Liberalen kehrten zwei Vorkämpfer aus den Anfangsjahren des badischen Landtags zurück: Rotteck und Adam von Itzstein, der 1823 den Widerstand der Zweiten Kammer gegen das Militärbudget geleitet hatte. Ihnen zur Seite traten mehrere Parlamentsneulinge, die in der weiteren badischen Landtagsgeschichte eine wichtige Rolle spielen sollten: zum Beispiel Karl Theodor Welcker oder Karl Mittermaier.

Eine der ersten Aufgaben, die der Landtag nach seinem Zusammentritt im März 1831 in Angriff nahm, war die Bewältigung der jüngsten Vergangenheit, angeregt durch eine von Itzstein in der Zweiten Kammer eingebrachte Motion, die auf die Rücknahme der Verfassungsänderungen von 1825 zielte. Die Zweite

Kammer begrüßte diesen Vorschlag mit überwältigender Mehrheit, wobei im Verlauf der Debatten nicht so sehr die Sachfragen im Vordergrund standen – das heißt, ob zweijährige Budgetperioden wirklich nötig seien oder ob die Integralerneuerung nicht auch Vorteile gegenüber der partiellen Landtagsneuwahl habe –; vielmehr nutzte man die Gelegenheit zu einer Generalabrechnung mit dem alten Regierungssystem. Die Regierung leistete keinen Widerstand, sondern kam der schließlich auch von der Ersten Kammer befürworteten Motion schnell nach und präsentierte schon Ende Mai 1831 eine Gesetzesvorlage, mit der die Verfassungsänderungen von 1825 aufgehoben wurden – unter dem Eindruck der Revolution in Frankreich erschienen dem Großherzog und seiner Regierung Konzessionen unverzichtbar.

So einträchtig, wie sie begonnen hatte, verlief die weitere Landtagsarbeit allerdings nicht, da eine Reihe von Reformen in Angriff genommen wurden, die beträchtlichen Konfliktstoff bargen. Dabei gelang es der liberalen Mehrheit der Zweiten Kammer in vielen strittigen Fragen, sich gegen die Regierung durchzusetzen. Das Arbeitspensum des Landtags war – im Vergleich mit den Erträgen früherer und späterer Sessionen – enorm. Unter den bedeutenden und auch langfristig wirksamen Reformen des Landtags von 1831 ist an erster Stelle die neue Gemeindeordnung zu nennen, mit der die kommunale Selbstverwaltung erheblich gestärkt wurde. Sie definierte die staatlichen Aufsichtsrechte in einem engeren Rahmen und reformierte gleichzeitig das Kommunalwahlrecht: In allen Landgemeinden und Städten bis zu 3000 Einwohnern waren fortan bei den Kommunalwahlen alle Bürger wahlberechtigt; in den größeren Kommunen galt ein Zensuswahlrecht, das den wohlhabenden Bürgern als Hauptträgern der Steuerlast größere Mitspracherechte einräumte. Von ähnlich weitreichender Bedeutung wie die Gemeindeordnung war die Justizreform, die der Landtag 1831 auf den Weg brachte: Eine neue Zivilprozessordnung legte die Mündlichkeit und Öffentlichkeit der Verfahren fest, außerdem wurde ein wichtiger Schritt zur Trennung von Verwaltung und Justiz vollzogen.

Das liberale Pressegesetz

Zum zentralen Problem der Landtagssession wurde die liberale Forderung nach einem neuen Pressegesetz, weil dieses Reformvorhaben nicht nur die innerbadischen Verhältnisse betraf – schließlich hatte der Deutsche Bund mit den Karlsbader Beschlüssen seit 1819 versucht, die National- und Freiheitsbewegung in Deutschland auszuschalten, indem er Druckschriften einer Vorzensur unterwarf. Mit diesem Bundesgesetz sollte Baden nach dem Willen der liberalen Landtagsmehrheit von 1831 nun brechen, und zwar durch ein eigenständiges Pressegesetz, in dem die Vorzensur nicht mehr vorgesehen war: das heißt, in Zukunft sollte in Baden die Pressefreiheit gelten mit der üblichen Einschränkung, dass Gerichte nachträglich darüber zu befinden hatten, ob Veröffentlichungen zivil- oder strafrechtlich zu ahnden seien, wobei die Entscheidung über die Strafbarkeit einer Publikation einem Geschworenengericht übertragen werden sollte. Die Mehrheit der Zweiten Kammer unterstützte eine entsprechende Motion, und auch die Erste Kammer des Landtags schloss sich dieser Motion mit deutlicher Stimmenmehrheit an – dies ist insofern erstaunlich, als eine stattliche Anzahl ihrer Mitglieder in den Vorjahren die Konfrontationspolitik Großherzog Ludwigs unterstützt hatte. Dass die Erste Kammer der geschlossen reformbereiteten Zweiten Kammer keinen Widerstand entgegensetzte, ist ein durchaus typisches Phänomen der badischen Landtagsgeschichte; ähnliches geschah in der Revolution 1848 oder bei den Verfassungsreformen der 1860er Jahre, als sich jeweils erwies, dass das politische Gewicht der Zweiten Kammer in der politischen Praxis stärker war als das der Ersten, auch wenn beide verfassungsrechtlich in Fragen der Gesetzgebung gleichgestellt waren.

Der Großherzog und seine Regierung gerieten durch den Vorstoß in der Pressefrage in eine prekäre Situation. Einerseits wollten sie einen Konflikt mit dem Landtag vermeiden, zumal solange das Budget noch nicht abschließend beraten worden war; andererseits drohten ihnen bundespolitische Schwierigkeiten, wenn durch ein liberales Pressegesetz die Karlsbader Beschlüsse in Baden praktisch außer Kraft gesetzt würden. Die Regierung hatte dieses Dilemma schon bei der Landtagseröffnung vorausgesehen und deshalb zunächst die Haltung des Bundes in dieser Frage sondiert. Dabei erhielt der badische Bundestagsgesandte Friedrich Landolin Karl von Blittersdorf die wenig ermutigende Antwort, dass Österreich jede Regierung, die in der Pressefrage die Initiative ergreife, als Vorkämpferin der liberalen Bewegung in Deutschland betrachten werde. Da dies eine unverhohlene Drohung war, dass ein Abweichen von der bisherigen Repressionspolitik gegenüber der National- und Freiheitsbewegung bestraft werden würde, blieb der badischen Regierung nichts anderes übrig, als abzuwarten, was der Landtag in Karlsruhe beschließen würde – mit dem Hinweis, dass der Bund sich der wichtigen Pressefrage annehmen werde, konnte man ihn nicht vertrösten.

Als die Pressemotion von den Kammern angenommen worden war, versuchte die Regierung, Zeit zu gewinnen, und beauftragte eine Kommission, den Entwurf eines Pressegesetzes auszuarbeiten, ohne dass dabei besondere Eile gezeigt wurde. Die Liberalen in der Zweiten Kammer wurden ungeduldig und drohten Mitte Oktober 1831 damit, das Budget zu verweigern, wenn der Entwurf des Pressegesetzes nicht vorgelegt werde. Wie wirksam dieses Druckmittel war, ist daran zu erkennen, dass die Regierung den Entwurf schon kurz darauf in die Kammern einbrachte. Allerdings erfüllte sie die Anregungen der Motion Welckers nicht

Abgeordnete der II^ten badischen Kammer

Im Zentrum dieser Abgeordnetengruppe aus der Mitte der 1840er Jahre stehen mit Adam von Itzstein (1775–1855) und Karl Theodor Welcker (1790–1869) zwei liberale Wortführer des Reformlandtags von 1831

vollständig, sondern modifizierte sie in zwei wichtigen Punkten: Zum einen strich der Regierungsentwurf die Geschworenengerichte als Entscheidungsinstanz bei Pressevergehen; statt dessen sollten die regulären Gerichte über die Klagen entscheiden. Zum anderen sollte die Vorzensur nicht vollständig aufgehoben werden, sondern zumindest für diejenigen Schriften weiter gelten, die sich mit der Bundespolitik oder den Angelegenheiten anderer deutscher Staaten befassten. Auf diese Weise sollte das neue badische Pressegesetz mit den Bestimmungen der Karlsbader Beschlüsse in Einklang gebracht werden. Es war also die merkwürdige Konstellation vorgesehen, dass in Zukunft im Großherzogtum unzensiert über die badische Politik geschrieben werden durfte, dass aber alle Publikationen, die auf den Deutschen Bund oder die deutschen Nachbarstaaten zu sprechen kamen, einer vorherigen Genehmigung bedurften. Die Liberalen im Landtag missbilligten dieses Kuriosum ebenso wie den Verzicht auf die Geschworenengerichte, akzeptierten die Vorlage aber schließlich doch - in der realpolitischen Einsicht, dass eine solche halbe Reform besser sei als die Fortdauer der bisherigen Pressezensur.

Reaktionen auf die Arbeit des Reformlandtags

Mit der Verabschiedung des Pressegesetzes war der Weg frei für die Bewilligung des Budgets. Ende Dezember 1831 wurde der Landtag nach neunmonatiger Tagungsdauer geschlossen. Die liberalen Abgeordneten kehrten in dem Bewusstsein in ihre Wahlkreise zurück, dem konstitutionellen Leben, das nach den hoffnungsvollen Anfängen der Jahre 1819 bis 1823 durch die Konfrontationspolitik Großherzog Ludwigs eingeschränkt worden war, neue Bahnen eröffnet zu haben.

Die positive Resonanz, die die Landtagsarbeit fand, bezeugen zahlreiche Feiern, die anlässlich der Rückkehr der Abgeordneten in vielen Landesteilen abgehalten wurden. Die Feierlichkeiten fielen wohl auch deshalb besonders enthusiastisch aus, weil bei den Liberalen die Überzeugung vorherrschte, dass der Landtag von 1831 nicht nur für die engere Heimat Wichtiges geleistet habe, sondern auch eine Vorbildfunktion für die gesamte deutsche Politik ausüben könne. Ihre Worte und Taten, so pries man in Freiburg Rotteck und die übrigen in der Stadt wohnenden Abgeordneten, hätten Anklang gefunden in allen Gauen des Vaterlandes, und die badische Volkskammer von 1831 habe sich zu einem hell leuchtenden Meteor in der Geschichte der Repräsentativverfassung erhoben. Das Motiv des liberalen Musterlandes, das sich im weiteren Verlauf des 19. Jahrhunderts noch stärker ausbilden sollte, ist hier also deutlich zu greifen: die Vorstellung, dass Baden die Heimstätte des politischen Fortschritts sei und dem übrigen Deutschland ein Beispiel geben könne.

Die Leuchtkraft der badischen Reformpolitik wirkte nach dem Landtagsschluss von 1831 allerdings nur kurz. Zwar kam es mit dem Inkrafttreten des neuen Pressegesetzes am Jahresanfang 1832 zu einer Reihe von Zeitungsgründungen, die den Beginn einer politischen Tagespresse in Baden markieren. Diese Zeitungen wurden aber Opfer der schon bald verschärften Repressionspolitik des Bundes, die vor allem durch das Hambacher Fest angestachelt wurde, eine Demonstrationsveranstaltung der National- und Freiheitsbewegung im Mai 1832, die verdeutlichte, dass die Opposition inzwischen im Begriff war, eine Massenbasis zu gewinnen und sich zu radikalisieren. Der Bundestag verschärfte im Juli 1832 die Zensur, indem eine Reihe von Bundesverboten gegen die Zeitungen sowohl der radikalen als auch der gemäßigten Opposition ausgesprochen wurde. Gleichzeitig verständigte er sich auf Maßregeln zur Aufrechterhaltung der gesetzlichen

Ruhe und Ordnung in Deutschland, die so genannten »Sechs Artikel«, die wie schon die Karlsbader Beschlüsse die Autonomierechte der Mitgliedsstaaten einschränkten: Sie bekräftigten zwei Bestimmungen der Wiener Schlussakte von 1820: nämlich die Pflicht zur Aufrechterhaltung des monarchischen Prinzips gegen Ansprüche der Landtage sowie das Verbot, die Fürsten durch das Budgetrecht an der Erfüllung ihrer Bundespflichten zu hindern. Eine massive Einmischung in die Verfassungsangelegenheiten der Mitgliedsstaaten bedeutete auch die Beschränkung der freien parlamentarischen Meinungsäußerung, die ihre Grenze darin finden sollte, dass die Ruhe des Bundes oder der Einzelstaaten nicht gefährdet werden durfte. Um die Maßregelung der Landtage nicht den möglicherweise zu nachsichtigen Regierungen zu überlassen, sollte eine neue Überwachungskommission vom Bund eingesetzt werden, deren Aufgabe es war, die Verhandlungen der Ständeversammlungen in den einzelnen Staaten zu kontrollieren.

Die Rückkehr zur Zensur 1832

Bei den Bemühungen, die Restauration im Deutschen Bund zu befestigen, richteten die beiden treibenden Kräfte Österreich und Preußen ihr besonderes Augenmerk auf die Vorgänge in Baden. Nachdem Metternich in den 1820er Jahren Großherzog Ludwig zu seinem energischen Vorgehen gegen die Liberalen beglückwünscht hatte, betrachtete er die Politik seines Nachfolgers Leopold als ein abschreckendes Beispiel, dem die anderen Fürsten auf keinen Fall folgen sollten. Schon während der Landtagssession 1831 versuchte Österreich auf den Großherzog einzuwirken, um ihn von weitreichenden Konzessionen an die Opposition abzuhalten; entsprechende Initiativen waren jedoch zunächst fruchtlos geblieben. Mit dem Inkrafttreten des badischen Pressegesetzes am Jahresanfang 1832 war dann auch für die preußische Regierung der Zeitpunkt gekommen, an dem man nicht länger tatenlos zusehen wollte, wie sich im Großherzogtum die National- und Freiheitsbewegung ausbreiten konnte. Eine vom Bundestag eingesetzte Kommission erklärte das badische Pressegesetz als nicht mit den bundespolitischen Grundsätzen vereinbar; nach wochenlangen Verhandlungen schließlich gab die badische Regierung nach und führte im Juli 1832 – nach nicht einmal einem halben Jahr der Pressefreiheit – die allgemeine Vorzensur wieder ein. Eine ernsthafte Alternative gab es nicht: Wäre das Gesetz nicht zurückgenommen worden, so hätte der Bund sein Interventionsrecht gelten machen und den Beschluss notfalls mit Gewalt durchsetzen können.

Die Fortsetzung der Restaurationspolitik

Für den badischen Innenminister Ludwig Winter, der 1830 angetreten war, den Ausgleich mit der liberalen Opposition zu suchen, bedeutete die vom Deutschen Bund erzwungene Aufhebung des badischen Pressegesetzes das Scheitern seiner Kompromissstrategie. Winter blieb zwar 1832 im Amt, wurde aber aus seiner Vertrauensstellung zu Großherzog Leopold verdrängt: zum einen durch den badischen Bundestagsgesandten Blittersdorf, zum anderen durch Reitzenstein, den früheren leitenden Minister aus der Rheinbundzeit, der 1832 aus seinem politischen Ruhestand zurückkehrte und erneut in die Regierung eintrat. Ein deutliches Zeichen für den politischen Kurswechsel war das Verbot der neu gegründeten Zeitungen; außerdem wurden einige Protagonisten der Opposition Opfer der wiederauflebenden Repressionspolitik: Welcker und Rotteck zum Beispiel verloren ihre akademischen Lehrämter an der Universität Freiburg.

Durch die Aufhebung des liberalen Pressegesetzes sowie durch ein Vereins- und Versammlungsverbot, das nach dem Hambacher Fest verhängt wurde, gelang es zwar schnell, die politische Unruhe im Großherzogtum zu dämpfen; wie das künftige Verhältnis zwischen der Regierung und dem Landtag aussehen würde, war jedoch unklar. Anders als 1825, als durch eine Politik der Wahlmanipulationen ein gefügiger Landtag zu Stande gebracht worden war, verzichtete man 1833 auf eine scharfe Konfrontation mit den Liberalen. Dass die Verständigungsmöglichkeiten mit der Opposition offen gehalten werden sollten, signalisierte vor allem der Umstand, dass Winter weiterhin Innenminister blieb. Die personelle Besetzung der höchsten Staatsämter spiegelte die unterschiedlichen strategischen Optionen wider, die Großherzog Leopold besaß: Winter als Innenminister war ein gemäßigter Reformer, während Reitzenstein als neuer Leiter des Ministeriums das antiliberale Element verkörperte. Ein ähnliches Bild bot sich in der badischen Außenpolitik: Hier stand dem streng konservativen Bundestagsgesandten Blittersdorf Außenminister Türckheim gegenüber, der gewisse Affinitäten zum Liberalismus besaß. Taktisch war eine solche Einbindung unterschiedlicher politischer Strömungen in die Regierung durchaus vorteilhaft, denn die Liberalen wurden zur Kompromissbereitschaft genötigt, da sie fürchten mussten, dass es zu einem weiteren konservativen Kurswechsel kommen konnte, wenn sie dem gemäßigten Innenminister zu große Schwierigkeiten bereiteten. Auf Dauer jedoch sollte dieses System nicht funktionieren.

Die Landtage 1833 und 1835

Schon im Vorfeld der Landtagswahlen von 1833 kam es zu erheblichen Spannungen innerhalb der Regierung in der Frage der Wahlpolitik. Da Winter eine Rückkehr zu den offenen Wahlbeeinflussungen von 1825 kategorisch ablehnte, Großherzog Leopold aber inzwischen bereute, dass er die Wahlen von 1831 ausdrücklich als frei erklärt hatte, behalf man sich mit einem Kompromiss. In einem Rundschreiben des Innenministeriums wurden die badischen Beamten nur allgemein angewiesen, für die Wahl ruhiger Männer zu wirken; gleichzeitig beschloss das Ministerium, das Urlaubsrecht der Regierung für die Beamten unter den Abgeordneten wieder deutlicher geltend zu machen. Da nur ein Viertel der Abgeordneten 1833 neu gewählt wurde, war es ohnehin nicht möglich, eine politisch völlig veränderte Zweite Kammer zu Stande zu bringen. So blieben 1833 die Liberalen in der Zweiten Kammer noch stark; allerdings verfochten sie nun eine andere Strategie als zwei Jahre zuvor. 1831 hatten sie unter dem Eindruck einer Zeitenwende gestanden, nun überwog die Frustration über die Entwicklungen in der Bundespolitik, die den landespolitischen Gestaltungsspielraum erheblich einschränkten.

Andererseits wollten die Liberalen ihre Anschauungen aber auch nicht verleugnen und brachten deshalb im Landtag 1833 zumindest ihr Hauptärgernis zur Sprache, nämlich die Aufhebung des Pressegesetzes. Damit entstand für die Regierung eine sehr unangenehme Situation, da harte Worte gegen die jüngste Bundespolitik auf der Grundlage der »Sechs Artikel« vom Vorjahr der Anlass zu einem Eingreifen des Bundes werden konnten. Winter forderte die Zweite Kammer daraufhin auf, über die Aufhebung des Pressegesetzes, um den bundespolitischen Vorgaben gerecht zu werden, unter Ausschluss der Öffentlichkeit zu debattieren; andernfalls werde der Landtag umgehend aufgelöst. Die Liberalen beugten sich schließlich dieser Drohung und behandelten die Pressefrage hinter verschlossenen Türen. Auch später durfte in den Zeitungen nicht über die Beratungen berichtet werden. Lediglich das Ergebnis der Beratungen wurde mitgeteilt, nämlich dass die Zweite Kammer die Aufhebung des Pressegesetzes von 1832 für unrechtmäßig halte.

Abgesehen von den Streitigkeiten, die sich an den bundespolitischen Fragen entzündeten, verlief die Landtagssession in Anbetracht der prekären Ausgangssituation erstaunlich ruhig – bei dem heiklen Thema der Agrarreformen kam man gegenüber 1831 sogar einen wichtigen Schritt voran, und auch das Budget wurde bewilligt, ohne dass es zu harten Kontroversen kam. Ein ähnliches Bild bot sich beim Wiederzusammentritt des Landtags 1835: Die Liberalen beharrten weiterhin auf ihren Grundsätzen, das heißt auf dem Reformprogramm von 1831, brachten die Regierung aber nicht durch aussichtslose Vorstöße in Bedrängnis und kooperierten in vielen Fragen, die abseits der hohen Politik lagen.

Die wichtigste Entscheidung, die 1835 vom Landtag getroffen wurde, war der Beitritt zu dem Zollverein, den Preußen zwei Jahre zuvor mit Hessen-Kassel, Hessen-Darmstadt, Bayern und Württemberg abgeschlossen hatte. Bei der Gründung des Deutschen Bundes 1815 war kein einheitlicher Wirtschaftsraum geschaffen worden, so dass im Bundesgebiet zunächst eine Vielzahl von Zollgrenzen existierte. Als sich der Bund auch in den folgenden Jahren nicht dazu im Stande zeigte, in dieser wichtigen Frage Abhilfe und damit die Voraussetzungen für die Durchsetzung moderner Wirtschaftsformen in Deutschland zu schaffen, begann eine Phase des freiwilligen zollpolitischen Zusammenschlusses der deutschen Staaten, wobei der von Preußen geführte Zollverein mit dem Mitteldeutschen Zollverein konkurrierte, der von Österreich als ein Instrument zur Eindämmung der preußischen Expansionsbestrebungen protegiert wurde. Nach langwierigen Verhandlungen entschied sich die badische Regierung zum Beitritt in den preußisch geführten Verein, bedurfte aber für die Ratifizierung des Zollvereinsvertrags der Zustimmung des Landtags, die 1835 in der Zweiten Kammer durch einen knappen Mehrheitsentscheid erfolgte.

Übergang zur Reaktionspolitik seit 1835

Die Phase der leidlich erfolgreichen Regierungspolitik dauerte bis zum Jahresende 1835, als der Freiherr von Blittersdorf von seinem Frankfurter Posten zum Nachfolger Türckheims als Außenminister befördert wurde und sich damit die Waagschale zu Gunsten der konservativen Kräfte neigte. Blittersdorf gelang es vor allem auf Grund seiner guten Kontakte zum entscheidungsschwachen Großherzog, der die innenpolitischen Geschäfte bis dahin weitgehend Winter überlassen hatte, schon 1837 einen schärferen Kurs gegenüber der liberalen Opposition einzuschlagen. Als größten Erfolg der Landtagssession konnte Blittersdorf eine Änderung der Gemeindeordnung verbuchen, die von dem Reformlandtag 1831 verabschiedet worden war und für die Konservativen ein Ärgernis darstellte. Das neue Kommunalwahlrecht sowohl in den kleinen als auch in den größeren Gemeinden erschien als zu weit gefasst – in der Tat hatten sich bei den jüngsten Kommunalwahlen häufig Oppositionelle durchgesetzt. Abhilfe hoffte man dadurch zu finden, dass man die direkte Wahl der Gemeinderäte und der Bürgermeister aufhob und statt dessen ein indirektes Wahlverfahren installierte, das einem nach dem Steueraufkommen gewählten Bürgerausschuss die Wahl der Selbstverwaltungsorgane übertrug. Die Liberalen in der Zweiten Kammer leisteten der Regierungsvorlage starken Widerstand, zumal sie fürchteten, dass die Änderung des Kommunalwahlrechts nur eine Vorstufe zu einer Änderung des Landtagswahlrechts und damit eines Angriffs auf die Verfassung insgesamt sein könnte; sie konnten die Änderung der Gemeindeordnung jedoch nicht verhindern, die mit knapper Mehrheit gebilligt wurde.

Der konservative Kurswechsel, der 1835 mit der Ernennung Blittersdorfs zum Außenminister begonnen hatte und der in der Landtagsarbeit 1837 erste Ergebnisse zeitigte, verstärkte sich nach dem unerwarteten Tod Ludwig Winters 1838. Winters Tod befestigte Blittersdorfs Stellung in der Regierung, obwohl zum neuen Innenminister ein Mann ernannt wurde, der in seinen politischen Grundanschauungen mit dem gemäßigten Reformer Winter weitgehend übereinstimmte: Karl Friedrich Nebenius, der 1818 die Verfassungsurkunde ausgearbeitet hatte, der aber danach in keines der höchsten Staatsämter aufgerückt war. Dieser späte Karriereschritt war für Nebenius allerdings nur eine Episode, da ihn Blittersdorf schon nach einem Jahr aus seinem Amt verdrängte. Dabei half ihm vor allem das Prestige, das er sich in den übrigen deutschen Staaten in den vergangenen Jahren als entschiedener Restaurationspolitiker erworben hatte.

Aus Wien, Berlin und aus Frankfurt, dem Sitz des Bundestags, wurde Großherzog Leopold unter Druck gesetzt, sich gegen Nebenius zu entscheiden, von dem zu erwarten war, dass er den Kurs der partiellen Kooperation mit dem Liberalismus fortsetzen werde. Dieser Kurs war in den deutschen Nachbarstaaten mit permanentem Misstrauen beobachtet worden, weil man fürchtete, dass bei ungünstigen Umständen erneut in Baden ein Loch in die Dämme des Restaurationsregimes in Deutschland geschlagen werden könne.

Die Auflösung des Landtags 1842

In der Folgezeit intensivierte Blittersdorf den Kampf gegen die Liberalen im Landtag, wobei er die seit langem strittige Frage der Urlaubsbewilligung für die Staatsdiener unter den Abgeordneten zum Anlass nahm, um die Ansprüche der Zweiten Kammer zu beschneiden. Bei Zusammentritt des Landtags 1841 riskierte Blittersdorf eine gezielte Provokation der Zweiten Kammer, indem zwei gewählten Kandidaten der für die Mandatsannahme nötige Urlaub verweigert wurde. Mit großer Mehrheit forderte die Zweite Kammer die Regierung auf, die strittige Frage der Urlaubsbewilligung durch ein Gesetz zu klären. Als die Regierung auf diesen Beschluss nicht reagierte, verschärfte die Zweite Kammer ihren Protest und erhob durch einen erneut mit großer Mehrheit gefassten Beschluss Beschwerde gegen das Ministerium – die Erste Kammer schloss sich diesem Vorgehen allerdings nicht an und stellte sich auf die Seite der Regierung. Blittersdorf wähnte sich nun auf der Siegerstraße und ging erneut in die Offensive. Er veranlasste den Großherzog zu einer ungewöhnlichen Solidaritätserklärung für seine Regierung. In einem Manifest beanspruchte der Großherzog für sich das Recht der Urlaubsverweigerung und schob die Schuld für die bislang wenig produktiv verlaufene Landtagssession der liberalen Opposition zu. Nach Blittersdorfs Willen sollte dieses Manifest der Zweiten Kammer demonstrieren, dass weiterer Widerstand aussichtslos sei, da er für seinen Konfrontationskurs die volle Rückendeckung des Monarchen besitze. Als flankierende Maßnahme schließlich veranlasste er noch die Maßregelung einiger politisch missliebiger Beamter: Welcker zum Beispiel, der 1832 seine Freiburger Professur verloren hatte und erst kurz zuvor rehabilitiert worden war, wurde erneut in den Ruhestand versetzt. Als der Landtag nach mehrmonatiger Pause wieder zusammentrat, reagierte er auf Blittersdorfs Provokationen nun seinerseits mit schärferen Maßnahmen. Als das großherzogliche Manifest Mitte Februar 1842 in der Zweiten Kammer zur Sprache kam, fand ein Antrag der Opposition eine knappe Mehrheit, der den in dem Manifest enthaltenen Tadel an die Zweite Kammer als unberechtigt zurückwies. Die Auflösung des Landtags war die unmittelbare Folge.

Die Landtagswahlen 1842

Der eskalierte Konflikt musste, da auch Blittersdorf weiter reichende Pläne – wie etwa die Aufhebung der Verfassung – zu diesem Zeitpunkt nicht mehr ernsthaft verfolgen konnte, durch ein Plebiszit gelöst werden, das heißt durch den Appell an die Wähler bei der Neuwahl des Landtags, die umgehend eingeleitet wurde. Die Regierung praktizierte dabei die bekannten Mittel der Wahlbeeinflussung mit bisher nicht gekannter Intensität, scheiterte aber in dem stark polarisierten Wahlkampf an der

Beharrungskraft der liberalen Opposition, die durch die Kontroversen der vergangenen zehn Jahre keineswegs zermürbt worden war, sondern im Kampf gegen das System Blittersdorf neuen Auftrieb erhielt. Der badische Wahlkampf von 1842 wurde zu einem Meilenstein in der Geschichte des deutschen Parlamentarismus, weil er eine ganz andere Qualität hatte als die Kontroversen im Vorfeld der Wahlen der vergangenen Jahre. In den 1820er Jahren hatte die Einflussnahme auf die Wahlmänner im Vordergrund gestanden: Um das Ergebnis der Abgeordnetenwahlen zu beeinflussen, war es ausreichend gewesen, in einem Wahlkreis die wenigen Dutzend Wahlmänner unter Druck zu setzen – 1842 funktionierte dies nicht mehr, da ein wesentlich höherer Politisierungsgrad erreicht worden war und vielfach schon bei den sogenannten Urwahlen, also bei der Auswahl der Wahlmänner durch die Wähler in den Gemeinden, darüber gestritten wurde, ob man einen regierungstreuen oder einen oppositionellen Kandidaten in den Landtag entsenden sollte: Aus dem bisherigen freien Mandat der Wahlmänner wurde mancherorts der deutliche Auftrag, einem bestimmten Kandidaten bei der Abgeordnetenwahl die Stimme zu geben, und damit sanken auch die Aussichten für eine behördliche Wahlmanipulation. Ein weiterer wichtiger Grund für die Beharrungskraft der Opposition war ihre effektive Organisation: Von einer liberalen Partei im modernen Sinne konnte zwar noch nicht die Rede sein – aber unter der Leitung Itzsteins wurde der Wahlkampf zentral koordiniert, und auch unter den Bedingungen der Zensur gelang es, programmatische Schriften im ganzen Land zu verteilen und für die Ziele der Liberalen zu werben. Eine Mehrheit in der Zweiten Kammer konnte die Opposition zwar nicht erreichen; da sie aber mit ungefähr 25 von insgesamt 63 Mandaten etwas stärker war als die nun scharf profilierte ministerielle Partei – ein knappes Dutzend Abgeordnete stand zwischen den beiden Blöcken –, bedeutete das Wahlergebnis eine eindeutige Niederlage für Blittersdorf, der damit gerechnet hatte, durch die Wahlbeeinflussungen den Liberalismus wenn auch nicht eliminieren, so doch entscheidend zurückdrängen zu können.

Das Ende der »Ära Blittersdorf«

Das Wahlergebnis von 1842 schwächte Blittersdorfs Position innerhalb des Ministeriums erheblich – im Grunde genommen war seine Konfrontationsstrategie schon zu diesem Zeitpunkt gescheitert, wenngleich ein Rücktritt nicht in Frage kam: Er wäre einem öffentlichen Eingeständnis des Versagens gleichgekommen und hätte eine Annäherung an parlamentarische Grundsätze bedeutet. Gesetzentwürfe durch den Landtag zu bringen, die seinen politischen Absichten entsprachen, war in dieser Situation nicht möglich, da Blittersdorfs Gefolgschaft in der Zweiten Kammer nur eine starke Minderheit darstellte. Es blieb ihm also nur die Option, die Liberalen im Landtag davon abzuhalten, selbst die Initiative zu ergreifen und in der Behandlung von Fragen der hohen Politik ein schärferes Profil zu gewinnen. Folglich wurden die Kammern nur mit den nötigsten Anliegen befasst, dem Budget und weiteren Plänen für den Eisenbahnbau. Außerdem versuchte man die Opposition dadurch zu strafen, dass der Großherzog sich als ungnädig erwies: Zu dem Diner am Hofe anlässlich der Landtagseröffnung wurden nicht – wie sonst üblich – alle Mitglieder der Zweiten Kammer eingeladen, sondern nur diejenigen, von denen ein konformes politisches Verhalten erwartet wurde.

Die Liberalen ließen sich durch diese Maßnahmen nicht provozieren, sondern verfolgten eine Strategie, die Blittersdorf zunehmend in Bedrängnis brachte. Einerseits wahrten sie ihren Rechtsstandpunkt, indem sie einen Kammerbeschluss herbeiführten, der die ministeriellen Wahlbeeinflussungen als verfassungswidrig erklärte, andererseits verzichteten sie darauf, die stärkste Waffe der Budgetverweigerung zu nutzen, um der Regierung keinen billigen Anlass zur erneuten Landtagsauflösung zu geben. Die Folge dieser taktisch geschickten Selbstbeschränkung der Opposition war ein Anwachsen der Meinungsverschiedenheiten innerhalb des Ministeriums, in dem sich nun Widerstände gegen Blittersdorfs politischen Kurs bemerkbar machten. Seine Gegenspieler plädierten dafür, nach neuen Wegen einer Kooperation mit der Zweiten Kammer zu suchen, was auch insofern überzeugend erschien, als im September 1842 nach langen Debatten das Budget von der Zweiten Kammer gebilligt wurde und der Landtag regulär geschlossen werden konnte – es war also der Beweis erbracht, das man selbst mit einem Landtag, in dem die liberale Opposition so stark war, positive Ergebnisse erzielen konnte. Diesen Kooperationsvorschlägen konnte Blittersdorf keine plausible Alternative entgegenstellen.

Den Landtag von 1842 überstand Blittersdorf noch in seinem Amt als Außenminister; am Jahresende 1843 resignierte er jedoch und zog sich auf seinen alten Posten als badischer Bundestagsgesandter zurück. Dass er nicht erneut den Versuch unternahm, die Opposition zu bekämpfen, lag an seiner wachsenden Isolation innerhalb des Ministeriums, in dem sich 1843 die Ansicht durchsetzte, dass man auf Dauer irgendeine Form der Verständigung zumindest mit den gemäßigten Liberalen finden müsse, denn die Opposition hatte auch nach dem Landtagsschluss ihre Stärke demonstriert: zum einen durch einen bemerkenswerten Aufschwung der politischen Presse, die man mit den herkömmlichen Mitteln der Zensur nicht mehr kontrollieren konnte – Flugblätter und Broschüren wurden illegal verteilt, und landespolitische Artikel wurden in der außerbadischen deutschen Presse publiziert, die im Großherzogtum unzensiert vertrieben werden durfte; zum anderen durch die landesweiten Feiern, die anlässlich des 25. Jubiläums der badischen Verfassung im Herbst 1843

abgehalten wurden und insgesamt ungefähr 100 000 Teilnehmer
zählten.

Nicht zuletzt unter dem Eindruck dieser Heerschau des badischen Liberalismus verlor Blittersdorfs Konfrontationsstrategie
in den Augen seiner Ministerkollegen vollends an Plausibilität.
Als dann auch noch sein Versuch scheiterte, Großherzog Leopold ultimativ zu einer Regierungsumbildung zu bewegen, um
seine eigene Stellung im Ministerium wieder zu festigen, reichte
Blittersdorf Ende Oktober 1843 sein Entlassungsgesuch ein – damit endete in Baden der Versuch, die Freiheitsbewegung mit den
Mitteln zu bekämpfen, die in den 1820er Jahren, der Hochzeit
der Restauration in Deutschland, erprobt worden waren.

Vorgeschichte und Anfänge der Revolution 1848

Mit dem Rücktritt Blittersdorfs entspannte sich das Verhältnis zwischen Regierung und Landtag, obwohl Großherzog Leopold nur einen vorsichtigen Kurswechsel vollzog und der konservative Charakter des Kabinetts gewahrt blieb – neuer Außenminister wurde Alexander von Dusch, der als ein Anhänger behutsamer Reformpolitik galt. Immerhin waren in der Landtagsarbeit 1844/45 Fortschritte bemerkbar. Nachdem in den vorangegangenen Jahren außer dem Budget kaum etwas zu Stande gebracht worden war, wurde nun wenigstens die Justizreform durch ein ganzes Bündel von Gesetzen fortgeführt. Für die Liberalen blieben zwar noch viele Wünsche offen; gleichwohl fassten sie nach den bitteren Erfahrungen der Vergangenheit nun wieder die Hoffnung, durch eine Politik der kleinen Schritte zumindest in mittelfristiger Perspektive das erreichen zu können, was 1831 schon greifbar nahe gewesen zu sein schien. Die veränderten Aussichten machten sich auch im Gefüge der politischen Gruppierungen innerhalb der Zweiten Kammer bemerkbar. Nachdem sich dort in den Vorjahren die oppositionellen Liberalen und die regierungstreuen Abgeordneten scharf voneinander abgegrenzt hatten, bildete sich nun wieder eine Mittelpartei heraus, deren Mitglieder liberale Grundanschauungen vertraten, sich aber nicht als oppositionell verstanden, sondern der Regierung einen Vertrauensvorschuss gewährten.

Die Stärkung der liberalen Opposition

Die folgende Landtagsneuwahl stärkte die Position der liberalen Opposition. Großherzog Leopold erkannte zu diesem Zeitpunkt, dass massive Konflikte vorgezeichnet waren, wenn der nach Blittersdorfs Rücktritt eingeschlagene Weg geringer Konzessionen fortgesetzt werden würde, und stärkte die Reformkräfte im Ministerium, indem er den führenden Kopf der liberalen Mittelpartei in der Zweiten Kammer in die Regierung berief: Johann Baptist Bekk, einen profilierten Gegner des Blittersdorfschen Systems, der schon 1831 dem Landtag angehört hatte. Einen konsequenten liberalen Kurswechsel bedeutete diese Entscheidung zwar noch nicht – so gehörte Bekk zunächst ohne eigenes Ressort dem Ministerium an –; immerhin aber gelang es auf diese Weise, die Landtagssession von 1846 ohne größere Kontroversen zu bewältigen. Erst am Ende dieses Jahres wurde Bekk die Leitung des Innenministeriums übertragen, wodurch er zur Zentralfigur der Regierungspolitik avancierte, die somit am Vorabend der Revolution von 1848 ganz andere Ziele verfolgte als in den Vorjahren. Während nach dem Tode Winters Männer den Kurs bestimmt hatten, die den Landtag als ein Übel

Johann Baptist Bekk
(1797–1855)

betrachteten, stand Bekk ohne Vorbehalte auf dem Boden der Verfassung und befürwortete sogar ihren Ausbau, zum Beispiel durch die Befreiung der Presse von der Zensur, die zwar nicht aufgehoben – dies war mit Rücksicht auf die Bundespolitik nicht möglich –, aber doch in der Praxis gemildert wurde.

Die Spaltung der Opposition

Mit dem Übergang von der Blittersdorfschen Konfrontationspolitik zum moderat-liberalen Regierungssystem Bekks veränderten sich auch die Handlungsbedingungen für die Opposition, die bis zur Mitte der 1840er Jahre sehr homogen gewesen war, nun aber in zwei deutlich voneinander geschiedene Gruppen zerfiel.

Es bildete sich ein linker Flügel der Opposition heraus, wobei sich der Radikalismus zunächst außerhalb des Landtags bemerkbar machte. Seine Zentren waren Konstanz, wo seit 1842 die von Joseph Fickler geleiteten »Seeblätter« erschienen, und Mannheim, wo mit der »Mannheimer Abendzeitung« und Gustav Struves »Mannheimer Journal« gleich zwei Zeitungen zu Sprachrohren der entschiedenen Opposition wurden. Den Anlass, sich von der liberalen Opposition im Landtag abzuheben, bot zunächst vor allem die taktische Frage, mit welchem Tempo man die eigenen politischen Ziele verfolgen sollte: Nach der Auffassung der Linken nahmen die Liberalen in der Zweiten Kammer zu große Rücksicht auf die Regierung und vergaßen über ihrer Politik der kleinen Schritte die großen Ziele; dass man auch in diesen großen Zielen nicht mehr übereinstimmte, wurde erst allmählich erkennbar.

Die Radikalen wünschten nicht nur eine Modernisierung der konstitutionellen Monarchie durch einen Ausbau der Verfassung und eine weitgreifende Reformpolitik, sondern nahmen darüber hinaus eine ganz neue politische Ordnung in Gestalt der Republik in den Blick; außerdem widmeten sie der sozialen Frage, die in der Mitte der 1840er Jahre durch eine schwere Wirtschaftskrise an Brisanz gewann, größere Aufmerksamkeit. In den politischen Programmen, die von den Radikalen im September in Offenburg und von den Gemäßigten im Oktober 1847 in Heppenheim auf Parteiversammlungen aufgestellt wurden, waren die Unterschiede schon deutlich zu erkennen; erst unmittelbar nach Ausbruch der Revolution im Frühjahr 1848 aber wurden die Meinungsverschiedenheiten über die ideale politische Ordnung zu einem unüberwindbaren Problem zwischen den Demokraten und den Liberalen. Dass zunächst noch die taktischen Fragen im Vordergrund standen, wird auch in der Selbstkennzeichnung der Radikalen ersichtlich, die sich am Vorabend der Revolution als »Ganze« verstanden, während sie die Liberalen in der Zweiten Kammer als »Halbe« diffamierten. Im Landtag selbst waren die Radikalen noch kaum vertreten – immerhin hatten sie dort mit Friedrich Hecker einen lautstarken Fürsprecher, nachdem dieser am Jahresende 1846 wegen der vermeintlich übergroßen Zurückhaltung seiner bisherigen liberalen Weggefährten öffentlich zur Linken übergetreten war.

Die Märzforderungen 1848

Als das Restaurationsregime in Deutschland im März 1848 unter dem Eindruck erneuter revolutionärer Unruhen in Frankreich schwer erschüttert wurde, war Baden einer der ersten Schauplätze von Unruhen. Der Ausgangspunkt war eine Volksversammlung in Mannheim am 27. Februar, auf der eine Petition verabschiedet wurde, die rasch im Druck verbreitet wurde und mit ihren vier Forderungen ein programmatischer Fixpunkt für die oppositionellen Bewegungen auch in den übrigen Staaten des Deutschen Bundes wurde. Obwohl die Initiatoren der Ver-

anstaltung dem linken Flügel der badischen Opposition angehörten, fand das Programm auch die Billigung der gemäßigten
Liberalen, für die Pressefreiheit, Bürgerwehren, Schwurgerichte
und ein deutsches Parlament ebenfalls die Kernbestandteile einer
neu zu schaffenden Ordnung darstellten. Der Vorschlag, die vier
Forderungen dem Landtag zu unterbreiten, wurde an den folgenden Tagen auf Versammlungen in anderen Städten des Großherzogtums bekräftigt, und am 1. März trafen sich in Karlsruhe
mehrere Tausend Freiheitsfreunde zur Übergabe der Petition an
die Volksvertreter. Diese Versammlung, die einer Belagerung des
Ständehauses gleichkam, hatte vorwiegend demonstrativen Charakter, da die badische Regierung schon am Vortag der Zweiten
Kammer verkündet hatte, schnellstmöglich Gesetzesvorlagen ein-
zubringen, mit denen die Pressezensur aufgehoben sowie Bürgerwehren und Schwurgerichte eingerichtet werden sollten. Einer
personellen Umbildung der Regierung, die andernorts nötig war,
um den Weg zur Erfüllung der sogenannten Märzforderungen
freizumachen, bedurfte es in Baden nicht, da mit Bekk schon
seit mehr als einem Jahr ein Reformpolitiker an der Spitze des
Ministeriums stand.

Trotz der unverzüglichen Konzessionen der badischen Regierung versuchten die badischen Radikalen, zusätzlichen Druck
auszuüben, und präsentierten einen erweiterten Forderungskatalog, den Hecker noch in der Sitzung am 1. März in der Zweiten
Kammer durchsetzen konnte. Er umfasste zwölf Punkte: darunter
als neue Forderungen zum Beispiel die Vereidigung des Militärs
auf die Verfassung, die Gleichheit politischer Rechte unabhängig
von der Konfession, die Einsetzung eines Staatsgerichtshofs mit
Geschworenen für Ministeranklagen, die Beseitigung der Reste
des Feudalwesens und eine gerechtere Verteilung der Staats-
und Gemeindelasten. Bekk bekundete die Bereitschaft, das
Programm in Gesetze zu überführen; lediglich in den Punkten,
die die Bundespolitik berührten, übte er Zurückhaltung. Zumin-

dest die Liberalen waren mit dem Resultat der bisherigen Verhandlungen überaus zufrieden und wähnten sich bereits fast am Ziel ihrer Wünsche: Die badische Revolution sei in friedlicher Weise, ohne Verletzung der Gesetze vollendet worden, hieß es am 3. März 1848 in der »Deutschen Zeitung«, dem Parteiblatt der badischen Liberalen. Großherzog Leopold und sein Regierungschef Bekk bemühten sich in den folgenden Tagen, diesen Eindruck noch durch einige wichtige Personalentscheidungen zu bekräftigen: Der unpopuläre konservative Finanzminister Regenauer wurde entlassen und durch Karl Georg Hoffmann ersetzt, ein ehemaliges liberales Kammermitglied; außerdem musste der badische Bundestagsgesandte Blittersdorff seinen Posten verlassen. An seine Stelle trat – was weit über die Grenzen des Großherzogtums hinaus als politische Sensation empfunden wurde – Welcker, der in der Vergangenheit wegen seines politischen Engagements mehrfach gemaßregelt worden war. Diese Personalentscheidungen und die Zusage Bekks, das von der Zweiten Kammer aufgestellte Reformprogramm umzusetzen, schufen für die gemäßigten Liberalen eine neue Situation. Sie waren innerhalb weniger Tage zur Regierungspartei geworden und mussten nun die Oppositionsrolle ganz den Radikalen überlassen.

Die Agrarunruhen

Das erste Problem, das Regierung und Landtag bei der Umsetzung des umfangreichen Reformkataloges beschäftigte, war die Beseitigung der Überreste des Feudalsystems. Die Dringlichkeit dieser Aufgabe wurde deutlich durch die massiven Agrarunruhen, die zeitgleich mit den politischen Kontroversen Anfang März 1848 in weiten Teilen des Großherzogtums ausbrachen, besonders in den Gebieten, die von kleineren weltlichen Fürsten an Baden gefallen waren. Die Untertanen dieser Standesherren waren, zumal seit der Hungerkrise in der Mitte der 1840er Jahre, besonderem wirtschaftlichen Druck ausgesetzt, da sich für sie die staatlichen Steuern und die grundherrlichen Abgaben zu einer als untragbar empfundenen Belastung summierten. Die Nachricht von der Revolution in Frankreich und dem Übergreifen der Unruhen auf die badischen Städte wurde in diesen Gebieten als Signal für einen Aufstand gegen die Grundherren genommen. Dabei versuchten die Aufständischen häufig, den Adel zum urkundlichen Verzicht auf seine Rechte zu erpressen.

Die Protestaktionen der Bauern waren vielfältig: Sie reichten von der demonstrativen Missachtung der grundherrlichen Privilegien durch das Schießen von Wild und das Fällen von Bäumen in den adeligen Forsten über die Verbrennung von Akten bei der Stürmung von Rentämtern bis hin zur Plünderung von Herrensitzen und Schlössern. Begleitet wurden die Agrarunruhen fast überall von Ausschreitungen gegen Juden, denen man eine Mitschuld an der wirtschaftlichen Krisensituation gab.

Dass die Agrarunruhen ein schnelles Ende fanden, lag nicht in erster Linie an der Entsendung von Truppen in die hauptsächlich betroffenen Gebiete, sondern vielmehr an der Entschlossenheit der Regierung, der es binnen weniger Tage gelang, dem Unmut der Bauern durch konsequente Reformen die Grundlage zu entziehen. In einem landesweit publizierten Erlass kündigte Regierungschef Bekk schon am 8. März an, alle noch bestehenden Feudallasten mit einem Gesetz aufzuheben, und bereits zwei Tage später brachte er einen entsprechenden Gesetzentwurf in den Landtag ein. Zugeständnisse einiger Standesherren, die ihren Untertanen günstige Entschädigungszahlungen für den Verlust ihrer Rechte anboten, taten ein Übriges, um die Krise in den ländlichen Regionen des Großherzogtums zu entschärfen. Fast alle aufständischen Bauern kehrten in ihre Dörfer zurück und kümmerten sich fortan wenig um das weitere revolutionäre Geschehen. Dass die Agrarunruhen weder Ausdruck einer Politisierung der Landbevölkerung waren noch zu ihrer Politisierung führten, mussten wenige Wochen später Hecker und seine Mitstreiter während ihres republikanischen Umsturzversuches erleben, als sie vergeblich auf die Unterstützung der Bauern in Südbaden hofften.

Der »Hecker-Zug« im April 1848

Die Radikalisierung des linken Flügels der Opposition, die schließlich in diesen Umsturzversuch mündete, war Mitte März 1848 deutlich zu erkennen. Die Demokraten veranstalteten am 19. März in Offenburg eine große Volksversammlung, in deren Vorfeld heftige Diskussionen über die Frage geführt wurden, ob der richtige Zeitpunkt für direkte revolutionäre Aktionen bereits gekommen sei und ob man die Republik ausrufen solle. Zunächst verzichtete man darauf, weil insbesondere Friedrich Hecker und Gustav Struve hofften, das am 31. März in Frankfurt zusammentretende Vorparlament, das die Wahlen für eine verfassunggebende deutsche Nationalversammlung vorbereiten sollte, für ihre Zwecke nutzen zu können. Mit ihrem Versuch, das Vorparlament zur Einsetzung einer provisorischen Revolutionsregierung zu bewegen, die einen Zentralpunkt für eine Sammlung der republikanischen Kräfte bilden konnte, scheiterten sie allerdings deutlich.

Erst nach dieser Niederlage im Vorparlament erwogen Hecker und Struve ernsthaft, den Kampf für die deutsche Republik mit einem Aufstand in Baden zu beginnen, auch wenn dies hohe Risiken barg, über die man allerdings unter dem Eindruck der Mobilisierungserfolge bei einigen Massenveranstaltungen Ende März hinwegsah.

Karl Mathy (1807–1868)

Der badischen Regierung blieben die Umsturzpläne der radikalen Oppositionellen nicht verborgen, ohne dass sie zunächst direkte Gegenmaßnahmen ergriff. Allerdings nutzte sie schon seit Mitte März die Mobilisierung von Truppen in Südbaden, die die Grenze zu Frankreich und zur Schweiz gegen befürchtete Übergriffe sichern sollten, auch als Vorsichtsmaßnahme gegen innere Unruhen. Die Situation eskalierte, als der profilierte Liberale und vor kurzem zum Staatsrat avancierte Karl Mathy am Morgen des 8. April – in Überschreitung seiner Kompetenzen – Joseph Fickler auf dem Karlsruher Bahnhof verhaften ließ. Mathy wollte ein deutliches Zeichen setzen, dass die Regierung entschlossen sei, den Umsturzbestrebungen der Radikalen entgegenzutreten, provozierte damit aber gerade den bewaffneten Aufstand, der in verschiedenen Orten Südbadens mit Truppensammlungen begann.

Entgegen den Erwartungen der Radikalen erwies sich die Bereitschaft zum bewaffneten Kampf für die Republik als gering: Die erste Kolonne, die unter Heckers Führung am 13. April 1848 in Konstanz aufbrach, umfasste anfangs 50 Mann und wuchs in den folgenden Tagen auf 800 Freischärler an. Da der Freischarenzug nicht nur klein blieb, sondern auch schlecht bewaffnet war, musste das Vorhaben, in Donaueschingen, wo württembergische Truppen stationiert waren, einzumarschieren, aufgegeben werden. Die Kolonne wurde in den Schwarzwald abgedrängt, zog nach Lörrach und von dort aus in Richtung Freiburg. Am Westrand des Schwarzwalds traf sie am 20. April bei Kandern auf badische und hessische Truppen, die von Norden anrückten, um die Erhebung im Keim zu ersticken. Dass die Regierung nicht die rigorose Niederschlagung der Aufständischen anstrebte, sondern auf eine Vermittlungslösung hoffte, zeigte der Umstand, dass die Truppen von Friedrich von Gagern geführt wurden, einem auch politisch erfahrenen General mit liberalen und nationalen Anschauungen. Die Bemühungen, Hecker zum Aufgeben zu bewegen, scheiterten indes. Es kam zu einem Gefecht, das auf beiden Seiten jeweils ein Dutzend Schwerverletzte und Tote forderte – unter Letzteren auch Gagern. Gerade dies schadete den Aufständischen sehr, da sich das Gerücht verbreitete und hartnäckig hielt, dass der General gezielt aus einem Hinterhalt heraus erschossen worden sei. Statt einen friedlichen Triumphzug anzuführen, der von Südbaden aus den Deutschen die Republik bringen sollte, sahen sich die Aufständischen nun mit dem Vorwurf konfrontiert, das Großherzogtum in einen blutigen Bürgerkrieg zu stürzen, dessen erstes Opfer ein ausgewiesener Vorkämpfer der nationalen Einheit und der Freiheit war.

Das Gefecht bei Kandern bedeutete noch nicht die vollständige Niederwerfung der bewaffneten Revolutionäre, da zeitgleich weitere Kolonnen durch Südbaden zogen. Ein zweiter Freischarenzug unter der Leitung Josef Weißhaars löste sich ebenfalls in Flucht auf, als es zur Konfrontation mit badischen und hessischen Truppen kam, während es Franz Sigel gelang, fast 3000 Freischärler für einen Zug nach Freiburg zu mobilisieren, wo am 22. April die städtischen Republikaner im Anschluss an eine Volksversammlung eine provisorische Regierung eingesetzt hatten. Die Freiburger Republikaner blieben allerdings isoliert, da Sigels Truppen die Stadt, die am 24. April vom Militär erobert wurde, nicht mehr erreichten. Die Nachricht vom Fall Freiburgs wiederum führte dann zur Auflösung des anrückenden Zuges, die zugleich den Zusammenbruch der ersten Volkserhebung in Baden bedeutete.

Die Aufständischen waren den regulären Truppen so deutlich unterlegen, dass an der Niederlage auch eine frühzeitige Unterstützung von außen wohl nichts geändert hätte, die in Anspruch zu nehmen Hecker, Struve und die übrigen Anführer der badischen Radikalen zunächst gezögert hatten, da sie sich nicht dem Vorwurf aussetzen wollten, im Freiheitskampf die nationalen Interessen zu verletzen. Mögliche Hilfe von außen stand zur Verfügung in Gestalt der »Deutschen Demokratischen Legion«, die von dem Dichter Georg Herwegh aus in Paris lebenden deutschen Arbeitern und Handwerkern rekrutiert worden war und die nach Straßburg zog, um die Revolution in Deutschland zu unterstützen. Bis Mitte April war die Legion in Straßburg auf etwa 1000, allerdings schlecht bewaffnete Kämpfer angewachsen, die erst am 24. April über den Rhein übersetzten und damit zu spät kamen, um Freiburg für die Revolution zu sichern. Die Legion versuchte, sich in die Schweiz durchzuschlagen, wurde aber bei Dossenbach gestellt und geschlagen.

Ausbreitung der Revolutionsfurcht

Für die badischen Demokraten hatte die Niederschlagung des Aufstands gravierende Konsequenzen, denn die badische Regie-

rung reagierte Anfang Mai 1848 mit einem allgemeinen Verbot
der demokratischen Vereine – die Organisationsbemühungen,
die ohnehin schon durch die Flucht zahlreicher Parteiführer
weitgehend zunichte gemacht worden waren, kamen vorerst
vollends zum Erliegen. Neben dem Verbot der demokratischen
Vereine versuchte die Regierung auch, mit den Mitteln des Straf-
rechts einem erneuten Aufstand vorzubeugen: Bis September
1848 wurde gegen mehr als 4000 Personen wegen Verdachts des
Hochverrats ermittelt; 850 von ihnen gerieten in Haft. Gravierend waren auch die kollektivpsychologischen Auswirkungen des
Heckerzuges auf die gemäßigten und die konservativen Kräfte.
Die republikanische Schilderhebung in Baden schürte über die
Grenzen des Großherzogtums hinaus die Revolutionsfurcht, dass
die Radikalen nur auf eine Gelegenheit warteten, einen blutigen
Bürgerkrieg anzuzetteln. Das Feindbild der unberechenbaren republikanischen Umstürzler verfestigte sich nicht nur bei den An-
hängern der alten Ordnung, sondern dehnte sich auch auf jene
aus, die durch kontrollierte Reformpolitik den Auf- und Ausbau
des Verfassungs- und Nationalstaats bewerkstelligen wollten.
Diese Gemäßigten meinten fortan, einen Kampf an zwei Fronten gleichzeitig führen zu müssen: gegen die Reaktion einerseits
und gegen die Anarchie andererseits. Außerdem beschädigte
der frühzeitige Aufstand in Baden die Plausibilität des Reform-
konzepts und nährte die skeptische Auffassung, dass die neuen
Freiheiten fast automatisch missbraucht würden. Dass der Aufstand gerade in Baden ausbrach, wo in den Augen zumindest
des liberalen Teils der National- und Freiheitsbewegung in der
Märzrevolution ein mustergültiges Reformprogramm in Angriff
genommen worden war, erwies sich als misslich, da aus den badischen Ereignissen die Konsequenz gezogen werden konnte, die
Reformpolitik besonders vorsichtig zu dosieren, um eine solche
Eskalation zu verhindern.

Die Wahlen zur Frankfurter Nationalversammlung

Der Hauptvorwurf, der schon von Zeitgenossen gegen Hecker, Struve und ihre Anhänger erhoben wurde, war, dass sie den republikanischen Aufstand zu früh riskiert hätten, nämlich zu einem Zeitpunkt, an dem die politische Willensbildung des Volkes gerade erst begonnen hatte und an dem noch völlig unklar war, ob die Mehrheit der Deutschen überhaupt die Errichtung einer republikanischen Ordnung wünschte. Das voreilige Vorgehen erschien um so unverständlicher, als zeitgleich mit dem Aufstand die Wahlen zur Nationalversammlung stattfanden, der die politische Neuordnung Deutschlands übertragen werden sollte. Diese Wahlen zeigten, dass die Liberalen, die inzwischen zur Regierungspartei geworden waren, keinen starken Rückhalt im Volk hatten. Sie konnten nämlich nur sechs der 20 im Großherzogtum zu vergebenden Mandate für die Frankfurter Paulskirche gewinnen; die Zusammensetzung des Landtags schien zu diesem Zeitpunkt also nicht mehr mit den allgemeinen politischen Präferenzen breiter Bevölkerungsschichten übereinzustimmen – schließlich stellten die Liberalen, die bei den badischen Wahlen zur Frankfurter Nationalversammlung so deutlich unterlegen waren, in der Zweiten Kammer die Mehrheit. Dadurch ergab sich eine problematische Konstellation, die den weiteren Verlauf der Revolution im Großherzogtum prägen sollte: Die Liberalen gerieten schnell in die Defensive, weil ihre Legitimation zweifelhaft erschien, während andererseits die außerparlamentarische demokratische Opposition durch das Scheitern des Hecker-Zuges nicht entmutigt wurde.

Die badische Revolution 1849

Die Anwendung von Gewalt zur Durchsetzung politischer Ziele war kein besonderes Merkmal der Revolution in Baden, denn auch in den beiden größten Staaten des Deutschen Bundes, in Österreich und in Preußen, kam es im März 1848 zu blutigen Ausschreitungen. Allerdings waren die Konfliktlinien unterschiedlich: Während in Wien und in Berlin gewaltsame Unruhen ausbrachen, weil die Monarchen den Forderungen der National- und Freiheitsbewegung zögerlich gegenübertraten, richtete sich der Aufstand in Baden gegen den Liberalismus, der Anfang März 1848 in den Vollbesitz der politischen Macht gelangt war. Während es in Österreich und Preußen zunächst darum ging, die absolutistischen Herrschaftsformen zu beseitigen und durch Verfassungsgebung eine konstitutionelle Ordnung zu errichten, waren die badischen Radikalen zur gleichen Zeit schon ein ganzes Stück weiter und griffen zu den Waffen, nicht um den seit 1818 bestehenden Konstitutionalismus zu modernisieren, sondern um ihn zu Gunsten einer republikanischen Ordnung zu beseitigen. Demokraten, die mit dem Ende der Fürstenherrschaft überhaupt brechen wollten, gab es auch in anderen Teilen Deutschlands; aber nur in Baden waren sie schon in der Anfangsphase der Revolution in größerer Zahl präsent.

Der »Struve-Putsch« im September 1848

Während Friedrich Hecker nach dem ersten Fehlschlag die Erfolgsaussichten für einen erneuten Aufstand als schlecht ein-

Gustav Struve (1805–1870) und Friedrich Hecker (1811–1881)
in der zeittypischen Freischärlerkleidung

schätzte und sein Glück in Amerika suchte, schmiedeten andere
geflohene Revolutionäre sofort Pläne für eine neue Erhebung.
Gustav Struve und die übrigen geflohenen Teilnehmer des April-
aufstands konnten sich in unmittelbarer Grenznähe ungehindert
bewegen, da sowohl die Schweiz als auch Frankreich es unter Berufung auf das Recht des politischen Asyls ablehnten, die steck-

brieflich gesuchten badischen Revolutionäre gefangen zu setzen und auszuliefern. In Straßburg gründeten sie einen Zentralausschuss der deutschen Republikaner, der als Koordinierungsgremium fungieren sollte. Auch setzte man die publizistische Agitation fort und schmuggelte Zeitungen und Flugblätter nach Baden ein. Allerdings waren der revolutionären Propaganda durch das Verbot der demokratischen Vereine enge Grenzen gesetzt. Dass die Radikalen in Baden nicht offen für ihre Ziele werben konnten, beeinträchtigte die Chancen für einen zweiten Aufstand erheblich. Bei allem Optimismus erkannte dies auch Struve, der deshalb auf eine günstige Gelegenheit zum Losschlagen wartete, wobei er seinen Blick nicht auf die badische, sondern auf die deutsche Politik richtete.

Den Anlass für den zweiten Aufstandsversuch in Baden bot im September die Arbeit der Nationalversammlung in Frankfurt, die sich nicht auf die Ausarbeitung einer neuen Verfassung für Deutschland beschränkte, sondern inzwischen eine Übergangsregierung eingesetzt hatte, die sich unter großen Schwierigkeiten bemühte, ihre Autorität gegenüber den Einzelstaaten zu etablieren. Augenfällig wurden diese Schwierigkeiten bei dem schon vom Deutschen Bund begonnenen, nun von der Nationalversammlung fortgesetzten und vor allem von preußischen Truppen geführten Krieg mit Dänemark um die nationale Zugehörigkeit Schleswigs, in dem Preußen im August 1848 auf internationalen Druck einen Waffenstillstand abschloss. In der Paulskirche stellte man sich nach harten Kontroversen hinter diese Entscheidung – gegen massive Proteste der Linken, die sich Mitte September zu gewaltsamen Unruhen in Frankfurt aufschaukelten. Diesen Aufstand nahm ein Teil der badischen Revolutionäre im Exil zum Anlass, um erneut selbst loszuschlagen.

Struve überschritt mit einer kleinen Gruppe von Gefolgsleuten am 20. September bei Basel die Grenze und zog in Lörrach ein, wo einige eingeweihte Sympathisanten bereits die örtlichen

Beamten inhaftiert hatten. Struve ließ das Rathaus besetzen und die Republik ausrufen. Es wurde eine provisorische Regierung gebildet, die am 21. September mit einer Proklamation deutlich machte, dass nicht nur Baden, sondern ganz Deutschland vom Joch der Fürstenherrschaft befreien werden sollte. Dieses hoch gesteckte Ziel hoffte Struve mit einfachen Mitteln zu erreichen, indem die Revolutionäre nach und nach die einzelnen Gemeinden und Städte erobern und einen neuen Staat quasi von unten gründen sollten, der dem Volk durch die entschädigungslose Aufhebung sämtlicher Feudallasten und durch Steuerreformen zu Ungunsten der Besitzenden sofort merkliche Erleichterungen bringen würde. Wie durch diese Revolution in den Gemeinden auch die militärische Schlagkraft hergestellt werden sollte, an der es den Aufständischen beim Heckerzug fünf Monate zuvor so sichtbar gefehlt hatte, blieb jedoch völlig unklar, so dass das Unternehmen in einem Fiasko endete.

Die Unterstützung für die Revolutionäre blieb gering, obwohl – oder vielleicht gerade weil – Struve mit massivem Druck Mitkämpfer zu mobilisieren versuchte. Trotz Zwangsrekrutierungen kamen nur einige Hundert Mitkämpfer zusammen, die am Schwarzwald entlang nach Norden marschierten, um zunächst Freiburg als größeren strategischen Stützpunkt zu erobern. Bei Staufen stießen die Revolutionäre am 24. September auf badisches Militär, woraufhin sich der größte Teil des Freischarenzuges in Flucht auflöste; lediglich etwa 150 Aufständische leisteten Widerstand und wurden nach zweistündigem Gefecht niedergeworfen. Erneut erwiesen sich die regulären Truppen als loyal und liefen nicht zu den Revolutionären über. Struve wurde verhaftet und im Frühjahr 1849 in Freiburg vor Gericht gestellt.

Die schwache Resonanz auf Struves Aufstandsversuch im September 1848 mag auch dadurch zu erklären sein, dass die badische Landespolitik zu diesem Zeitpunkt wenig Ansatzpunkte zur Kritik bot. Vielmehr betrieben die Liberalen im Zusammenspiel mit der Regierung eine durchaus erfolgreiche Reformpolitik. Neben mehreren Gesetzen, mit denen die Aufhebung der Feudallasten geregelt wurde, ist in diesem Zusammenhang die Einführung von Bürgerwehren zu nennen, die das staatliche Gewaltmonopol durchbrachen, oder auch die Einführung von Schwurgerichten. Die Reformpolitik brachte auch die Judenemanzipation voran: Fortan hatten alle Staatsbürger ohne Unterschied der Religionszugehörigkeit gleiche Ansprüche auf Zugang zu Zivil- und Militärstellen, das heißt, die Juden wurden nicht länger vom Staatsdienst ausgeschlossen. Ebenso erhielten sie nun das passive Wahlrecht für die Zweite Kammer des Landtags. Die volle rechtliche Gleichstellung der Juden in Baden bedeutete dies jedoch noch nicht, da ihnen auf kommunaler Ebene immer noch ein Sonderstatus zukam: Als so genannte Schutzbürger blieben sie gegenüber den Gemeindebürgern benachteiligt. Dieser Bereich wurde bei der Reform von 1848 bewusst ausgeklammert, zum einen, weil die Regierung in Anbetracht der Judenkrawalle der ersten Revolutionstage Proteste befürchtete, zum anderen, weil man abwarten wollte, wie die Frankfurter Nationalversammlung sich zur Frage der Judenemanzipation stellen würde.

Die Auswirkungen der deutschen Grundrechte auf die badische Politik

Die Rücksichtnahme auf die Verfassungsarbeiten in der Paulskirche spielte auch bei anderen politischen Fragen eine zentrale Rolle und wurde zu einem wichtigen Grund dafür, dass sich die innenpolitische Situation für die badischen Liberalen seit dem Jahresende 1848 rapide verschlechterte. Ausschlaggebend war in diesem Zusammenhang vor allem die Fertigstellung des Grundrechtskataloges der künftigen deutschen Verfassung, den die Nationalversammlung als ein separates Reichsgesetz schon vor Abschluss des gesamten Verfassungswerks in Kraft zu setzen versuchte. Zwar blieb das Gesetz über die Einführung der Grundrechte, das in der Paulskirche am Jahresende 1848 verabschiedet wurde, weitgehend wirkungslos, weil es zum Beispiel in Preußen und in Österreich nicht in den Gesetzesblättern verkündet wurde; die deutschen Klein- und Mittelstaaten jedoch konnten im Gegensatz zu den Großmächten die Beschlüsse der Nationalversammlung nicht einfach ignorieren. So wurden in Baden – unter dem Druck der Verhältnisse, aber auch, weil es der liberale Kurs der Regierungspolitik grundsätzlich gebot, die Entscheidungen der Nationalversammlung anzuerkennen – die Grundrechte in Kraft gesetzt.

Die Einführung der deutschen Grundrechte hatte in vielerlei Hinsicht Auswirkungen auf die badische Politik, weil sie Vorrang vor den Landesgesetzen beanspruchten und damit weitreichende Gesetzesänderungen nötig machten. Brisant waren vor allem zwei Punkte des Frankfurter Grundrechtskataloges: zum einen die vollständige Presse- und Vereinsfreiheit, die die Fortsetzung der Repressionspolitik gegen die Radikalen in Baden unmöglich machte. Mit dem Inkrafttreten der Grundrechte in Baden konnten die Radikalen nun wieder offen agitieren, und sie machten von dieser Möglichkeit seit dem Jahresanfang 1849 auch ausgiebig Gebrauch. Das zweite Hauptproblem ergab sich aus der Aufhebung aller Standesvorrechte, die in den Grundrechten der Paulskirche vorgesehen war. Da dies auch bedeutete, dass der Adel seine politischen Privilegien verlieren sollte, war in Baden eine gravierende Verfassungsänderung nötig: Die Erste Kammer konnte in ihrer bisherigen Zusammensetzung als Interessenvertretung des Adels und anderer Privilegierter nicht fortbestehen, so dass mit dem Inkrafttreten der Grundrechte sofort Diskussionen über die künftige Gestalt des badischen Landtags begannen, wobei die Demokraten lautstark den Übergang zum Einkammersystem forderten.

Die Diskussionen über die Zusammensetzung des Landtags

Die Regierung Bekk und die liberale Landtagsmehrheit gerieten dadurch in eine schwierige Situation: Bislang hatten sie den radikalen Kritikern entgegnen können, dass die bestehenden Verfassungsorgane sehr wohl in der Lage seien, die nötigen Reformen zu vollziehen; indem nun aber die Daseinsberechtigung der Ersten Kammer verschwand, geriet die Legitimität der ganzen bisherigen Reformpolitik in Zweifel. Noch weiter in die Defensive wurden die Liberalen gedrängt, als die Radikalen ihre Kritik zunehmend auch gegen die Zusammensetzung der Zweiten Kammer richteten. Zwar waren schon in der Anfangsphase der Revolution Stimmen laut geworden, die die Auflösung der Zweiten Kammer und Neuwahlen auf der Grundlage des allgemeinen und direkten Wahlrechts forderten; diese Forderungen hatten die Liberalen jedoch zurückgewiesen mit dem Verweis darauf, dass man das badische Landtagswahlrecht nicht ändern solle, solange nicht klar sei, auf welche Bestimmungen sich die Frankfurter Nationalversammlung für die zukünftigen Reichstagswahlen festlegen würde. Dieses Schutzargument wurde aber obsolet, als sich am Jahresanfang 1849 abzeichnete, dass man in der Paulskirche vermutlich das demokratische Wahlverfahren beschließen würde. Spätestens zu diesem Zeitpunkt stand auch die Legitimität der badischen Zweiten Kammer in Frage, da das Landtagswahlrecht, dem die Abgeordneten ihre Mandate verdankten, nun im Vergleich mangelhaft erschien: Schließlich war ein Drittel der volljährigen Männer vom Wahlrecht ausgeschlossen gewesen; auch waren die Abgeordneten nicht direkt, sondern von Wahlmännern gewählt worden.

In der radikalen Agitation rückte diese zweifelhafte Legitimation der Zweiten Kammer seit dem Jahresanfang 1849 zunehmend in den Vordergrund. Die demokratischen Volksvereine, die sich inzwischen wieder ungehindert ausbreiten konnten, forderten dementsprechend die sofortige Auflösung des bestehenden Landtags und die Wahl einer verfassunggebenden Versammlung auf der Grundlage des allgemeinen, gleichen, geheimen und direkten Wahlrechts. Die Liberalen ließen sich darauf nicht ein, sondern versuchten, selbst die nötigen Reformen zu bewerkstelligen.

Es wurde eine Wahlrechtsänderung für die Zweite Kammer vorbereitet, die den Vorstellungen der Radikalen entgegenkam; die Einführung des Einkammersystems lehnte man allerdings ab; statt dessen wurden Modelle diskutiert, die den Fortbestand einer Ersten Kammer auch nach der Abschaffung der Adelsprivilegien vorsahen – man wollte die neue Erste Kammer nach einem Dreiklassenwahlrecht zusammensetzen, wodurch an Stelle des Standes der Besitz privilegiert worden wäre. Zu abschließenden Beratungen kamen diese Verfassungsänderungen jedoch nicht, weil im Mai 1849 der Konflikt eskalierte.

Von der innenpolitischen Krise zur Revolution

Die badische Mairevolution war Teil und zugleich Höhepunkt der Unruhen, die in verschiedenen Teilen Deutschlands ausbrachen, als im April 1849 das Verfassungswerk der Paulskirche scheiterte. Die Frankfurter Nationalversammlung hatte sich im März 1849 nach harten Kontroversen auf die künftige Reichsverfassung geeinigt, die durch eine Mischung von demokratischen

und monarchischen Elementen gekennzeichnet war, und hatte
anschließend den preußischen König zum deutschen Kaiser gewählt. Friedrich Wilhelm IV., der in Preußen schon in den vorangegangenen Monaten die Gegenrevolution eingeleitet hatte,
lehnte die Kaiserkrone allerdings ab und brachte die gemäßigte
Mehrheit der Nationalversammlung damit in große Schwierigkeiten – die in der Paulskirche dominierenden Liberalen hatten die
Reichsverfassung nämlich in Übereinstimmung mit den Fürsten
in Kraft setzen wollen und resignierten nun, als zumindest die
Monarchen der größeren Staaten ihre Zustimmung verweigerten.
Die entschiedeneren Revolutionäre dagegen wollten in dieser
Situation nicht aufgeben und versuchten die Durchsetzung der
Reichsverfassung zu erzwingen. Dabei kam es in einer Reihe
von Staaten zu Aufständen, deren Ziel ambivalent war: Die Revolutionäre erklärten zwar einerseits, für das Werk der Paulskirche kämpfen und die widerspenstigen Fürsten zur Annahme
der Reichsverfassung zwingen zu wollen; andererseits aber verfochten sie unverhohlen republikanische Forderungen. Neben
Preußen, Sachsen und der bayerischen Pfalz erfasste diese Auf-
standswelle auch das Großherzogtum Baden, in dem es nun zum
dritten Mal zu einer militärischen Erhebung kam. Allerdings lässt
sich der badische Aufstand vom Mai und Juni 1849 schwerlich
mit den beiden vorangegangenen revolutionären Unternehmun-
gen vergleichen, bei denen es sich um dilettantisch geplante Frei-
scharenzüge ohne ernsthafte Erfolgsaussichten gehandelt hatte.
Dieses Mal bot sich eine andere Situation, nicht nur weil die
Resonanz auf die revolutionäre Erhebung generell größer war
als im Vorjahr, sondern vor allem weil die badische Armee ein
wichtiger Träger der Unruhen war.

Der für die Unruhen in der Endphase der Revolution in
Deutschland gebräuchliche Begriff »Reichsverfassungskampagne«
ist für die Ereignisse in Baden besonders unpassend, weil Großherzog Leopold und seine Regierung die Frankfurter Reichsver-

fassung und die Kaiserwahl schnell anerkannt hatten; das heißt, es ging in Baden, anders als in Preußen, Sachsen oder Bayern, gar nicht darum, einen renitenten Fürsten zur Anerkennung der Reichsverfassung zu zwingen. So wurde das in Baden im Frühjahr 1849 angestaute Konfliktpotential nicht in erster Linie durch die Nationalpolitik geschürt, sondern durch die innenpolitische Konstellation.

Dies zeigte sich auf der Offenburger Versammlung am 12. und 13. Mai 1849, auf der die demokratischen Vereine einen radikalen Forderungskatalog aufstellten, der nur in einem kleinen Teil auf die Nationalpolitik Bezug nahm. Einleitend wurde ein Widerstandsrecht des Volkes gegen diejenigen Fürsten proklamiert, die die in Frankfurt endgültig beschlossene Verfassung ablehnten. Diesen Fürsten gelte es, bewaffnete Gegenwehr zu leisten, wobei die badische Regierung mitzuwirken habe. Die formale Anerkennung der Frankfurter Reichsverfassung genüge nicht; vielmehr müsse sie mit der ganzen bewaffneten Macht deren Durchführung in den anderen deutschen Staaten unterstützen – konkret hieß dies, dass man den bedrängten Revolutionären in der Pfalz militärisch zur Seite stehen sollte.

Dass die badische Regierung diesem Vorschlag auf keinen Fall zustimmen werde, war den in Offenburg versammelten Demokraten klar. Sie forderten deshalb die sofortige Entlassung des gegenwärtigen liberalen Ministeriums; statt dessen sollten Lorenz Brentano und Joseph Ignaz Peter, zwei badische Abgeordnete der Paulskirchenlinken, mit der Bildung einer neuen Regierung beauftragt werden. Ein umfangreiches Programm für die Arbeit dieses zukünftigen Ministeriums der Demokraten wurde sogleich aufgestellt; es beinhaltete: die Auflösung des Landtags und die Einberufung einer verfassunggebenden Landesversammlung, die auf der Grundlage des allgemeinen Wahlrechts zu bilden war; die sofortige Volksbewaffnung auf Staatskosten; eine Amnestie für alle politischen Gefangenen und Flüchtlinge; die freie Wahl der Offiziere im Heer; die unentgeltliche Aufhebung sämtlicher Grundlasten; die Abschaffung der alten Verwaltungs-Bürokratie zu Gunsten der freien Verwaltung der Gemeinden; die Einführung einer progressiven Einkommenssteuer und die Einrichtung eines großen Landespensionsfonds zur Unterstützung Arbeitsunfähiger.

Die Macht fiel den demokratischen Volksvereinen schon unmittelbar nach der Aufstellung dieses Programms in die Hände, weil die schon seit geraumer Zeit andauernden Disziplinschwierigkeiten und Gehorsamsverweigerungen innerhalb der badischen Truppen in diesen Tagen zu einem Soldatenaufstand anwuchsen, dessen Hauptschauplatz die Festung Rastatt war.

Die von der demokratischen Propaganda angestachelten Soldaten forderten die Freilassung der in Rastatt inhaftierten politischen Gefangenen, die sie eigentlich zu bewachen hatten, und die an diesem Konflikt entzündeten Tumulte gipfelten in einer allgemeinen Meuterei. Die Protestaktionen griffen schnell auch auf Karlsruhe über, so dass sich der Großherzog und seine Regierung am 13. Mai zur Flucht ins Elsass genötigt sahen.

Daraufhin benannte der Landesausschuss der demokratischen Vereine eine Exekutivkommission, an deren Spitze Brentano stand, der unter den Mitgliedern der badischen Revolutionsregierung jedoch zu den gemäßigten Kräften zählte – deutlich radikaler zum Beispiel war der Finanzminister Amand Goegg, so dass es bald zu erheblichen Meinungsverschiedenheiten innerhalb der Führungsgruppe der Revolutionäre kam, die sich noch verstärkten, als Struve, aus dem Gefängnis befreit, wieder politisch aktiv wurde. Diese Spannungen versuchte Brentano durch eine ausweichende Politik zu glätten. So scheute er zum Beispiel die Proklamation der Republik in Baden, weil er die Möglichkeit zu Verhandlungen mit dem geflohenen Großherzog offen halten wollte, stimmte aber andererseits der schnellen Einberufung einer verfassunggebenden Landesversammlung zu, die schon Anfang Juni in Karlsruhe zusammentrat und mit den Diskussionen über die künftige republikanische Ordnung in Baden begann. Ergebnisse brachten diese Beratungen nicht, da es schon bald zur militärischen Konfrontation mit preußischen Truppen kam, die die Unruhen in den deutschen Staaten nach und nach niederwarfen.

Die Niederschlagung der Revolution

Die Aussichten, sich im Kampf mit den selbsternannten preußischen Hütern der Sicherheit und Ordnung in Deutschland behaupten zu können, waren für die badischen Revolutionäre günstiger als zuvor in der Reichsverfassungskampagne in Sachsen oder in der Pfalz. Man konnte nicht nur auf die vormaligen großherzoglichen Truppen zurückgreifen, die nun im Dienst der Revolutionsregierung standen, sondern erhielt auch starken Zuwachs von außen durch geflohene preußische, sächsische und pfälzische Revolutionäre und schließlich auch durch politische Emigranten, die aus der Schweiz und aus Frankreich zurückkehrten. Zudem verfügten die badischen Revolutionäre mit dem polnischen General Ludwig von Mieroslawski über einen sehr befähigten Oberbefehlshaber. Aber auch ihm gelang es nicht, sich mit den vereinigten badischen Bürgerwehren, Linientruppen und Freischarenformationen gegen die militärische Übermacht der heranrückenden Preußen zu behaupten, die von hessischen, nassauischen und württembergischen Kontingenten des Reichsheeres unterstützt wurden, um im Auftrag der Übergangsregierung der Paulskirche die badische Revolution niederzuschlagen. Die Kämpfe verliefen weitaus blutiger als auf den bisherigen Schauplätzen der Reichsverfassungskampagne, dauerten jedoch nicht lange an. Bereits am 15. Juni überschritten preußische Truppen den Rhein und besetzten Mannheim; die militärische Niederlage der badischen Revolutionäre wurde am 21. Juni in der Schlacht bei Waghäusel besiegelt. Die Revolution endete allerdings erst einen Monat später, da sich 6000 Revolutionskämpfer in der Festung Rastatt verschanzt hatten. Sie kapitulierten am 23. Juli und wurden dann auch zu Opfern der preußischen Standgerichte.

BADISCHES WIEGENLIED.

Die Niederschlagung des Aufstands erfolgte mit großer Härte und hinterließ in der badischen Bevölkerung ein verbreitetes Gefühl der Verbitterung, die Ausdruck zum Beispiel in dem bekannten »Badischen Wiegenlied« des württembergischen Demokraten Ludwig Pfau fand: »Schlaf, mein Kind, schlaf leis!/ Dort draußen geht der Preuß./ Deinen Vater hat er umgebracht,/ Deine Mutter hat er arm gemacht,/ Und wer nicht schläft in stiller Ruh,/ Dem drückt der Preuß die Augen zu«.

Revolutionsbewältigung in der Reaktionsepoche

Wie in der Revolution von 1848/49 war auch in der folgenden Reaktionsepoche die badische Politik in hohem Maße von den Entwicklungen auf nationaler Ebene abhängig. Insbesondere in den ersten Jahren nach dem Ende der Revolution war sie fremdbestimmt wie nie zuvor. Zunächst bedeutete diese Fremdbestimmung eine direkte Abhängigkeit von der preußischen Politik – schließlich war die Niederwerfung der Revolution nicht aus eigener Kraft gelungen, sondern das Ergebnis der preußischen Intervention. Als Gegenleistung für die preußische Hilfe musste Großherzog Leopold weitreichende Zugeständnisse machen: Baden ging ein Bündnis mit Preußen ein, das seit Mai 1849 versuchte, auf der Grundlage der konservativ modifizierten Paulskirchenverfassung eine kleindeutsche Reichsgründung herbeizuführen, und dadurch massive Konflikte mit Österreich, aber auch mit Württemberg, Bayern, Hannover und Sachsen heraufbeschwor, die 1850 an den Rand eines deutschen Krieges führten. Für Baden entstand durch den Anschluss an Preußen eine prekäre Situation: Als sich die Konfrontation zwischen den mit Preußen verbündeten Staaten und den Parteigängern Österreichs 1850 zuspitzte, war man von den unmittelbaren Nachbarn isoliert, und es kamen Befürchtungen auf, dass die eigene territoriale Integrität gefährdet sei, wenn in einem deutschen Krieg Preußen unterliegen würde. Dass Bayern in einem solchen Fall die Gelegenheit nutzen würde, um Ansprüche auf die rechtsrheinische Kurpfalz zu erheben, war zu erwarten – im schlimmsten Falle mochte sogar die Aufteilung Badens unter seine drei süddeutschen Nachbarn drohen. Weil Preußen seinen Reichsgründungs-

GEDENKBLATT AN DEN 18ten AUGUST 1849.

Generalien auf dem Schloßplatz.

(Oben)
Empfang durch die städtische Behörde am
Mühlburger Thor.

(Mitte)
Empfang an der evangelischen Stadtkirche
durch die gesammte Geistlichkeit.

Glückliche Zurückkehr des vielgeliebten
GROSSHERZOG LEOPOLD
in seine getreue Residenzstadt Carlsruhe.

versuch jedoch am Jahresende 1850 aufgab und den Weg zur Wiederherstellung des Deutschen Bundes frei machte, blieb den Badenern die Realisierung solcher Schreckensszenarien erspart.

Unter preußischer Besatzung

Die Abhängigkeit von Preußen machte sich nicht nur in der deutschen Politik bemerkbar, sondern prägte auch die innere badische Politik seit der zweiten Jahreshälfte 1849. Dies hatte sich schon abgezeichnet, als Großherzog Leopold sich kurz nach seiner Flucht vor den badischen Revolutionären mit einem Hilfsersuchen an den preußischen König gewandt hatte. Ihm war damals signalisiert worden, dass eine preußische Intervention nur erfolgen könne, wenn er einen innenpolitischen Kurswechsel vornehmen und die liberale Regierung unter Johann Baptist Bekk entlassen werde. In Berlin gab man Bekk eine starke Mitschuld an dem erneuten Ausbruch revolutionärer Unruhen, da es in den vorangegangenen Monaten versäumt worden sei, den politischen Radikalismus im Großherzogtum energisch zu bekämpfen. Da diese Forderung ultimativen Charakter hatte, musste Leopold das Ministerium entlassen. Die badische Regierungspolitik, die seit den ersten Märztagen 1848 liberal ausgerichtet gewesen war, geriet nun also auf preußischen Druck in ein konservatives Fahrwasser. Zum leitenden Minister wurde Friedrich Adolf Klüber ernannt, ein altgedienter Beamter, dessen Hauptvorzug es war, auch einmal in preußischen Diensten gestanden zu haben. Auch die anderen Regierungsposten wurden mit Kandidaten besetzt, die in Berlin keinen Anstoß erregten. Eine Schlüsselstellung in der badischen Politik nahm der preußische Diplomat Karl Friedrich von Savigny ein, der zunächst als politischer Berater des Prinzen von Preußen fungierte und im Oktober 1849 den Posten des preußischen Gesandten in Baden übernahm.

Die Abhängigkeit von Preußen wurde symbolisch sichtbar, als Leopold nach dreimonatigem Exil am 18. August 1849 nach Karlsruhe zurückkehrte, in einem Galawagen zur rechten Seite des Prinzen von Preußen, des späteren Kaiser Wilhelm I. Die große Parade, die anlässlich des feierlichen Einzugs des Großherzogs in die Stadt von den preußischen Truppen abgehalten wurde, nahm Leopold in preußischer Generaluniform ab.

Niederschlag fand die Unterordnung unter Preußen auch in der Proklamation, mit der sich der Großherzog an diesem Tag an sein Land wandte und in der von mächtigen Bundesgenossen die Rede war, denen er sich angeschlossen habe, um seine sehnlichsten Wünsche zu erfüllen – damit war die Lösung der deutschen Frage durch den preußischen Reichsgründungsversuch gemeint. Die Proklamation handelte allerdings nur am Rande von der nationalen Politik; in ihrem Mittelpunkt stand vielmehr die schwierige Lage des engeren Vaterlands, das von dem schmachvollsten Aufruhr heimgesucht worden sei, den die deutsche Geschichte kenne. Wie es zu diesem schmachvollsten Aufruhr kommen konnte, wurde in der Proklamation zwar nicht explizit gesagt; der Großherzog gab jedoch deutlich zu erkennen, dass die liberale Reformpolitik für die verhängnisvolle Entwicklung mitverantwortlich sei: Die in reichem Maße gewährten Rechte und Freiheiten, vorzüglich die der Presse und Vereine, seien zur Lösung aller Bande der Staatsordnung und zur Aufregung der wildesten Leidenschaften missbraucht worden, konstatierte er. Große Verantwortung trugen der Proklamation zufolge zahlreiche Diener des Staates, der Schule und selbst der Kirchen, welche in Widerspruch mit den Pflichten ihres Berufes durch geheime Umtriebe und durch offene Aufforderung den Aufruhr begünstigt hätten. Sie fortan unschädlich zu machen, sei dringend geboten.

Juristische Aufarbeitung der Revolution

Bevor eine systematische Säuberung der Staatsdienerschaft vorgenommen werden konnte, begann die Strafjustiz gegen die gefangenen Revolutionäre, die zunächst von preußischen Kriegsgerichten, dann von badischen Standgerichten und schließlich von den regulären zivilen Gerichten vollzogen wurde. Ein Großteil der Führer des Aufstandes hatte fliehen können, aber die preußische Interventionsarmee setzte mehrere Tausend Kämpfer, mittlere und untere Funktionsträger aus den demokratischen Vereinen sowie bekannte Sympathisanten der Revolution in Haft. Binnen eines Jahres, bis zum Sommer 1850, verurteilten die militärischen Kriegs- und Standgerichte und die zivilen Hofgerichte mehr als 1500 Personen, wobei die Urteile von Todesstrafen bis zu kürzeren Haftstrafen das gesamte Spektrum der juristischen Sanktionsmöglichkeiten abdeckten. Die Todesstrafe wurde überwiegend in der Anfangsphase von den militärischen Standgerichten verhängt – in zwei Dutzend Fällen wurde sie auch tatsächlich vollstreckt: Sie betrafen vor allem die Führer des Widerstandes in der Festung Rastatt, die im Juli 1849 als letzte Bastion der Revolutionäre gefallen war. Auch in der späteren Phase der Strafjustiz vor den Zivilgerichten ergingen noch Todesurteile, die aber eher symbolische Bedeutung hatten, weil sie sich gegen geflohene, in Abwesenheit verurteilte Revolutionäre richteten. Bei den Haftstrafen war die Strafform in vielen Fällen nicht die für politische Vergehen übliche leichtere Festungshaft, sondern die Zuchthausstrafe, wodurch die Delinquenten mit gewöhnlichen Kriminellen gleichgestellt wurden und wichtige bürgerliche Rechte verloren – neben dem aktiven und passiven Wahlrecht auch die Ansprüche auf Pensionen. Geflohenen Revolutionären wurde das Staatsbürgerrecht entzogen, außerdem wurden sie mit Vermögenskonfiskationen bedacht, mit denen die badische Regierung die Kriegskosten ausgleichen wollte.

Die Gefängnisse waren schon nach der ersten Verhaftungs-welle überfüllt, zumal noch zahlreiche Untersuchungshäftlinge einsaßen, deren Prozesse sich verzögerten, weil die Zivilgerichte hoffnungslos überlastet waren. So wurde Anfang 1850 sogar eine größere Gruppe von Verurteilten vorzeitig entlassen, die wegen gemeiner Verbrechen einsaßen, um die Zellen mit politischen Häftlingen belegen zu können. Die große Zahl der Verfahren – insgesamt wurden fast 4000 Hochverratsanklagen erhoben –, der schleppende Verlauf der Prozesse und die demonstrative Härte der Strafen zumindest in den ersten Monaten unmittelbar nach der Niederschlagung der Revolution prägten die politische Stimmung im Großherzogtum auf Jahre hinaus; eine General-amnestie zog erst 1862 einen Schlussstrich unter die Ereignisse von 1848/49 und ermöglichte auch den geflohenen Revolutionä-ren eine Rückkehr nach Baden. Eine solche Amnestie war be-reits 1849 von den Behörden in der Schweiz gefordert worden, da man dort nicht wusste, was man mit den annähernd 10 000 politischen Flüchtlingen, die zu einem großen Teil aus Baden stammten, anfangen sollte.

Insgesamt wanderten in den Jahren unmittelbar nach der Revolution rund 80 000 Badener aus dem Großherzogtum aus. Wie hoch der Anteil der politischen Flüchtlinge an dieser Gruppe war, lässt sich nicht genau beziffern: Soziale Ursachen dürften wie vor 1848 das Hauptmotiv gewesen sein, in der Neuen Welt eine neue Heimat zu suchen, aber der Anstieg der Auswandererzahlen unmittelbar nach der Revolution ist doch so signifikant, dass die politische Frustration eine wichtige Rolle gespielt haben muss.

Die Niederschlagung der Revolution hatte vor allem für die revolutionären Aktivisten demokratischer Couleur gravierende

Folgen, indem ihre berufliche Existenz bedroht wurde, sei es durch Haftstrafen, sei es, weil sie ihre Heimat verlassen mussten. Eine weitere politische Tätigkeit kam für sie nicht in Frage. Dieses Schicksal teilten sie mit den Liberalen, die sich – teils gezwungenermaßen, teils freiwillig – aus der Politik zurückzogen. Die Führer der liberalen Partei warben in der zweiten Hälfte des Jahres 1849 und 1850 noch für die preußische Deutschlandpolitik, von der sie sich eine positive Wendung in der nationalen Frage versprachen. Nach ihrem Scheitern legten sie nach und nach ihre Landtagsmandate nieder, weil sie eine weitere öffentliche politische Tätigkeit für sinnlos hielten.

Personelle Säuberungen in der Armee

Eng verknüpft mit der strafrechtlichen Revolutionsbewältigung, von der die Liberalen mit vereinzelten Ausnahmen verschont blieben, waren die personellen Säuberungen des Militärs und der Beamtenschaft, denen die besondere Aufmerksamkeit sowohl der neuen badischen Regierung wie der Preußen galten, die in den ersten anderthalb Jahren nach der Niederwerfung der Revolution als eine Art Besatzungsmacht fungierten: Schließlich wäre den badischen Demokraten im Mai 1849 die politische Macht nicht in die Hände gefallen, wenn die Soldaten nicht auf ihre Seite getreten wären, und außerdem hätten sich die Revolutionäre nicht für mehrere Wochen behaupten können, wenn nicht ein großer Teil der badischen Beamtenschaft – ob aus politischer Sympathie oder aus Furcht – mit ihnen kooperiert hätte. Um die Wiederholung solcher Vorkommnisse zu verhindern, musste man die Loyalität des Militärs und der Beamtenschaft wiederherstellen und festigen, wobei das Hauptaugenmerk zunächst dem badischen Heer galt. Entgegen moderateren Plänen des neuen badischen Kriegsministers wurde es nach dem Willen der maßgeblichen preußischen Politiker formell komplett aufgelöst und neu gebildet. Das gesamte Personal von den einfachen Soldaten bis zu den höheren Offizieren wurde von verschiedenen Kommissionen überprüft, die belastete Personen an die Gerichte überwiesen. Im Ergebnis dieser systematischen Kontrollen ergingen Freiheitsstrafen gegen mehr als 700 Militärangehörige, unter ihnen waren 300 Unteroffiziere und immerhin zwei Dutzend Offiziere.

Nimmt man die strafrechtlich nicht relevanten Entscheidungen der Ehrengerichte hinzu, die zu Dienstentlassungen führten, so musste ungefähr ein Drittel des badischen Offizierkorps wegen Verwicklung in die Mairevolution aus dem Dienst scheiden. Ihre Nachfolger versuchte man gegen revolutionäre Ideen zu immunisieren, indem man sie in preußischen Garnisonen ausbilden ließ.

Weit weniger streng verfuhr man bei der Säuberung der badischen Beamtenschaft, die auch nicht zu den Trägern der Revolution gezählt hatte, sondern sich lediglich den Vorwurf gefallen lassen musste, der Machtübernahme der Demokraten im Mai 1849 keinen ausreichenden Widerstand geleistet zu haben. Zum Streitpunkt wurde hierbei die Frage, ob es für die Einleitung disziplinarischer Maßnahmen schon ausreichte, wenn ein Beamter – wie dies unter Druck massenhaft geschehen war – im Mai oder Juni 1849 den Diensteid auf die revolutionäre Regierung abgelegt hatte. Die Bürokratie verstand sich schließlich selbst zu schützen: Nur ein knappes Dutzend fest angestellter Staatsdiener musste sich wegen Verwicklung in den revolutionären Umsturz vor Gericht verantworten, und auch die Disziplinarmaßnahmen, zum Beispiel gegen die Lehrerschaft, blieben begrenzt: Von den

Volksschullehrern, die den Zeitgenossen als Hauptträger revolutionären Gedankenguts galten, wurden nur wenig mehr als fünf Prozent strafrechtlich oder disziplinarisch belangt.

Politischer Rückzug der Liberalen

Von ebenso großer Bedeutung wie die personellen Säuberungen war die Ausschaltung der Agitationsmöglichkeiten der Demokraten und der Liberalen, die nun als verkappte Revolutionäre diffamiert wurden, weil sie mit ihrer Reformpolitik dem Umsturz Tür und Tor geöffnet hätten. Politische Vereine wurden verboten und die Presse mit Strafmaßnahmen bedroht – so wie es Großherzog Leopold in der Proklamation anlässlich seiner Rückkehr nach Karlsruhe im August 1849 angekündigt hatte. Die Rechtsgrundlage für diese Repressionsmaßnahmen bot der Kriegszustand, der bis zum Herbst 1852 in Baden galt und dem Monarchen die Möglichkeit eröffnete, wichtige Ergebnisse der seit dem Frühjahr 1848 vollzogenen Gesetzgebung aufzuheben, ohne sich darüber mit dem Landtag verständigen zu müssen. Die beiden Kammern des Landtags, die im Mai 1849 von den Revolutionären ausgeschaltet worden waren, traten am Jahresanfang 1850 wieder zusammen. Durch den Verzicht auf eine komplette Landtagsneuwahl wurden die Liberalen zunächst in der Zweiten Kammer noch geduldet, wenngleich sie ihre dominierende Stellung schon bei den ersten Ergänzungs- und Erneuerungswahlen verloren – es wurden nicht nur die turnusgemäß ausscheidenden Abgeordneten ersetzt, sondern auch eine größere Gruppe von Abgeordneten, die in den Revolutionsmonaten ihre Mandate niedergelegt hatten: Kaum einer der 1850 neu in den Landtag gewählten Abgeordneten suchte den Anschluss an die bisherige Mehrheitsfraktion; es handelte sich bei den Nachrückern vielmehr um zuverlässige Parteigänger der Regierung. Bei den

Landtagswahlen in den folgenden Jahren verstärkte sich diese Tendenz noch. Auf diese Weise kam eine Kammermehrheit zustande, die den politischen Kurs der Regierung weitgehend kritiklos unterstützte und der Reaktionspolitik in Baden keinen Widerstand entgegensetzte.

Deutlich sichtbar wurde dies schon in der Landtagssession von 1850, während der die beiden Kammern die vom Großherzog unter den Bedingungen des Kriegsrechts vollzogene Aufhebung der Presse- und Vereinsfreiheit durch entsprechende Gesetze nachträglich bestätigten – die in der Zweiten Kammer immer noch starken Liberalen billigten damit Maßnahmen, die ihre eigene Handlungsfähigkeit erheblich einschränkten; sie taten dies nicht in erster Linie aus politischer Schwäche, sondern weil sie überzeugt waren, dass man die Agitation der Radikalen dauerhaft unterbinden müsse. Presse- und Vereinsfreiheit waren nicht die einzigen Errungenschaften der Revolution, die Anfang der 1850er Jahre aufgehoben wurden: Den Bürgerwehren, die in den Ruf gekommen waren, Brutstätten der Revolution zu sein, wurde ebenso ein Ende gesetzt wie dem in der Revolution eingeführten Verfassungseid der Soldaten und Staatsdiener, die fortan wieder nur ihre Loyalität gegenüber dem Monarchen versichern mussten. Von den vier zentralen Märzforderungen von 1848: Pressefreiheit, Volksbewaffnung, Nationalparlament und Schwurgerichte, die durch die liberale Politik auf den Weg gebracht worden waren, überstand in Baden nur eine Reform das Ende der Revolution, nämlich die Geschworenengerichte, die beim Abschluss der Justizreformen durch den 1850 ergänzten Landtag beibehalten wurden – allerdings in abgeschwächter Form, weil ihre Mitwirkung an der Rechtsprechung nur bei schwereren Verbrechen vorgesehen war. Im Übrigen stand im Mittelpunkt der Landtagsarbeit das Budget, das sich dieses Mal als besonders schwierige Materie erwies, weil der Staatshaushalt durch die Kosten der preußischen Besatzungsherrschaft stark belastet wurde.

Repressionspolitik des Deutschen Bundes

Die enge Bindung an Preußen endete am Jahresende 1850, als der preußische Reichsgründungsversuch scheiterte. Da die badische Regierung die preußische Politik bis zuletzt mitgetragen hatte, hatte die deutschlandpolitische Wende auch landespolitische Auswirkungen. Der leitende Minister Friedrich Adolf Klüber, der sich als Parteigänger Preußens exponiert hatte, wurde Ende Oktober 1850 entlassen; sein Nachfolger wurde der Freiherr Ludwig Rüdt von Collenberg-Bödigheim, ein altgedienter Diplomat, der im Ruf stand, ein politischer Freund Österreichs zu sein. Diesem Ruf wurde er in den folgenden Monaten allerdings nicht gerecht, denn auch nach dem im November 1850 erfolgten raschen Rückzug der preußischen Truppen aus dem Großherzogtum suchte die badische Regierung bei den diplomatischen Verhandlungen in Dresden über eine Bundesreform eher Rückhalt in Berlin als in Wien. Dass sämtliche Reformpläne scheiterten und der Deutsche Bund in seiner alten Form wiederhergestellt wurde, entsprach durchaus den badischen Interessen, da auf diese Weise auch die Autonomierechte der Klein- und Mittelstaaten garantiert wurden, wenngleich sie sich der Repressionspolitik nicht entziehen konnten, die unmittelbar nach Wiedereinsetzung des Bundestags begann: 1851 wurde ein Bundesreaktionsausschuss eingesetzt, der die Rücknahme der in den Revolutionsmonaten vollzogenen Reformen in den Einzelstaaten überwachte; 1854 erging ein bundeseinheitliches Pressegesetz, das zwar auf die Wiedereinführung der Vorzensur verzichtete, aber den Vertrieb politisch anstößiger Druckschriften mit harten Strafen bedrohte; und im gleichen Jahr wurden durch ein Bundesgesetz dem Vereinswesen enge Fesseln angelegt. Diese Gesetze sahen starke Eingriffsmöglichkeiten in die einzelstaatlichen Belange vor; gleichwohl trug die badische Regierung alle diese Maßnahmen vorbehaltlos mit. Aus Furcht vor einer Wiederkehr revolutionärer Unruhen plädierte sie sogar für weiterreichende Schritte: für die Einsetzung einer zentralen Bundespolizeibehörde, die allerdings nicht realisiert werden konnte, weil andere Bundesmitglieder hierin ihre Selbständigkeit bedroht sahen. Die grenzübergreifende Kooperation der politischen Polizei erfolgte schließlich auf freiwilliger Basis; an diesem so genannten Polizeiverein, der den Austausch von Informationen über die Tätigkeit vermeintlicher Revolutionäre in den deutschen Staaten organisierte, beteiligte sich Baden in den folgenden Jahren besonders eifrig.

Der neue Großherzog Friedrich I. von Baden

Mit dem reaktionären Kurs des Ministeriums Rüdt ging ein weiterer Rechtsruck im Landtag einher; bei den folgenden Erneuerungswahlen traten regierungstreue Parlamentsneulinge an die Stelle der ausscheidenden Liberalen, so dass Rüdt im Landtag keinen Widerstand gegen seine Pläne mehr zu befürchten hatte. Baden war Anfang der 1850er Jahre dabei, sich zum Reaktionsstaat par excellence zu entwickeln. Dieser Trend brach jedoch bald ab wegen der Zufälligkeiten der Thronfolge: Großherzog Leopold starb im Frühjahr 1852. Da sein ältester Sohn Ludwig regierungsunfähig war, fiel die politische Macht in Form einer Regentschaft für den Erkrankten an dessen Bruder Friedrich.

Friedrich war 1826 geboren und hatte eine ungewöhnliche Ausbildung erhalten, die neben ausgedehnten Reisen und einer Militärzeit auch umfangreiche Studien beinhaltete: Vom Sommer 1843 bis zum Frühjahr 1845 hatte Friedrich die Universität Heidelberg besucht, wo der Historiker Ludwig Häusser als sein Tutor fungiert hatte, der ihm ein liberal geprägtes Weltbild vermittelte – Gleiches tat bei einem Studienaufenthalt im Wintersemester 1847/48 in Bonn der Historiker und Staatswissenschaftler Friedrich Christoph Dahlmann, eine der Koryphäen des vormärzlichen Liberalismus in Deutschland. Die liberalen Anschauungen, die Friedrich in dieser Zeit gewonnen hatte, überstanden auch die Revolution von 1848/49, und als er 1852 die Herrschaft antrat, war er entschlossen, das konstitutionelle System in Baden zu wahren und nicht weiter auszuhöhlen, wie es dem Geist der Reaktionsepoche entsprochen hätte.

Einen markanten Kurswechsel bedeutete der Regierungsantritt Friedrichs 1852 allerdings noch nicht – als Regent konnte er nicht einfach mit den bisherigen Regierungsgrundsätzen brechen; außerdem waren der einzelstaatlichen Politik durch die in diesen Jahren forcierten Repressionsmaßnahmen des Bundes Grenzen gesetzt. Mit der Aufhebung des Kriegszustandes im Herbst 1852 setzte Friedrich immerhin ein Zeichen, dass die erste und härteste Phase der Revolutionsbewältigung abgeschlossen sei. Bis sich das politische Klima in Baden nachhaltig änderte, sollten noch mehrere Jahre vergehen, die durch die bürokratischen Herrschaftsformen des Ministeriums Rüdt gekennzeichnet waren. 1856 festigte Friedrich seine Stellung dadurch, dass er noch zu Lebzeiten seines kranken Bruders den Großherzogstitel annahm, und als sich wenig später die politische Großwetterlage im Deutschen Bund zu ändern begann, leitete er die badische Politik in ein ganz anderes Fahrwasser: Das Großherzogtum wurde dann nicht zum Reaktionsstaat par excellence, sondern zum liberalen Musterland, auf das die National- und Freiheitsbewegung in Deutschland mit ähnlicher Hochachtung blickte, wie sie dies drei Jahrzehnte zuvor schon einmal getan hatte, als im Gefolge der französischen Julirevolution eine weitreichende Reformpolitik eingesetzt hatte.

Die Neue Ära

Den Ausgangspunkt für den innenpolitischen Umschwung in Baden bildete eine 1859 zwischen dem Heiligen Stuhl und der badischen Krone abgeschlossene Konvention, die der katholischen Kirche im Großherzogtum größere Freiheiten bei der Stellenbesetzung, der Vermögensverwaltung und der Ausbildung der Geistlichen garantierte. Diese Konvention war der Versuch, einen mehrjährigen Konflikt beizulegen, der ausgebrochen war, weil die katholische Kirche in den Jahren nach der Revolution die Forderung nach einer Lockerung des bestehenden Staatskirchensystems erhoben hatte. Die badische Regierung war schließlich auf einen Konzessionskurs eingeschwenkt und folgte damit einem in Deutschland in den 1850er Jahren allgemein zu verzeichnenden Trend: den Schulterschluss mit den Kirchen zu suchen, die als ein antirevolutionäres, die Reaktionspolitik stützendes Bollwerk betrachtet wurden. In Baden jedoch fruchtete diese Strategie nicht, denn unmittelbar nach Bekanntwerden der Konvention formierte sich eine von den Liberalen getragene Protestbewegung, die sich nach dem Ende der Revolution für ein Jahrzehnt aus der Politik zurückgezogen hatten, nun aber wieder an die Öffentlichkeit traten.

Der Aufschwung des Liberalismus

Ende November 1859 hielten die Liberalen in Durlach eine Versammlung ab, auf der massive Kritik an der Konvention geübt wurde, weil sie der katholischen Kirche eine zu starke

Franz von Roggenbach (1825–1907)

und damit gefährliche Stellung im Staat zubillige. Die Versammlung wählte eine Deputation, die dem Großherzog die Bitte übermittelte, die Konvention nicht zu vollziehen. Ähnliche Protestveranstaltungen fanden in anderen Städten statt, und auch im Kreis der Berater des Großherzogs wurden jetzt Zweifel geäußert, ob man die Konvention tatsächlich in Kraft setzen solle. Eine wichtige Rolle spielte dabei Franz von Roggenbach, ein juristisch gebildeter und diplomatisch erfahrener badischer Adeliger, der wie Großherzog Friedrich selbst in den 1840er Jahren in Heidelberg studiert und dort ein liberales Weltbild verinnerlicht hatte. Roggenbach war 1859 in engere Beziehungen zum Großherzog getreten und warnte ihn nun nachdrücklich vor dem Vollzug der Konvention. Friedrich begann tatsächlich zu zweifeln, folgte aber zunächst noch der Politik seiner konservativen Regierung, nachdem ihm Innenminister Franz von Stengel versichert hatte, dass die Proteste der Liberalen nicht die wahre Stimmung des Landes widerspiegelten.

Dass diese Einschätzung falsch war, zeigte sich, als die Konvention am Jahresende 1859 dem Landtag vorgelegt wurde, denn in der Zweiten Kammer verfügten die Liberalen seit den letzten

Ergänzungswahlen wieder über eine starke Fraktion – die Beratungen über die Kirchenfrage waren für mehrere von ihnen der Anlass gewesen, die selbst gewählte politische Abstinenz aufzugeben und nun wieder in den Landtag einzutreten. Die Zweite Kammer begann mit einer ausführlichen Prüfung der Materie, deren Ergebnis Ende März 1860 die Ablehnung der Konvention war. Zwar beanspruchten die Liberalen nicht das Recht, die Konvention durch einen Beschluss des Landtags außer Kraft zu setzten; die Zweite Kammer richtete aber doch mit 45 gegen 15 Stimmen die Bitte an den Großherzog, die Konvention nicht zu vollziehen – statt dessen sollten die Rechte der Kirche auf gesetzlichem Wege festgestellt werden, das heißt, in einer in Kürze zu vollziehenden Übereinkunft zwischen der Regierung und den beiden Kammern des Landtags.

Der Regierungswechsel von 1860

Großherzog Friedrich sah nun den Zeitpunkt für einen politischen Kurswechsel gekommen: Anfang April 1860 entließ er zwei konservative Minister und ersetzte sie durch Liberale. Der gemäßigt liberale Führer der Opposition in der Ersten Kammer, Anton Stabel, übernahm die Leitung des Außen- und Justizministeriums, und zum Innenminister wurde August Lamey ernannt, ein Freiburger Jurist, der schon 1848/49 als Liberaler dem Landtag angehört hatte und 1859 in die Zweite Kammer zurückgekehrt war.

In der Geschichte des Parlamentarismus in Deutschland im 19. Jahrhundert war dies ein außerordentlicher Vorgang. Zwar war es in der zweiten Jahrhunderthälfte fast schon der Regelfall, dass bei Regierungsumbildungen in den deutschen Staaten auch immer in mehr oder weniger starkem Maße die politische Ausrichtung der Parlamente berücksichtigt wurde; dass aber

Minister wegen Meinungsverschiedenheiten mit dem Landtag entlassen und durch Männer ersetzt wurden, die direkt von der Oppositionsbank in die Regierung wechselten, war äußerst ungewöhnlich.

Der Regierungswechsel erregte über die Grenzen des Großherzogtums hinaus große Aufmerksamkeit; in Baden selbst wurde er vor allem von den Liberalen gefeiert, die nun hoffen konnten, dass ihnen vier Jahrzehnte nach dem Inkrafttreten der Verfassung die politische Macht zufallen würde – ähnlich wie dies schon 1848 bei Ausbruch der Revolution geschehen war. Dieser Vergleich hinkt allerdings, denn damals war Großherzog Leopold durch den Druck der äußeren Umstände zu einer Regierungsumbildung genötigt worden, während die liberale Regierung im Frühjahr 1860 durch den freien Entschluss seines Sohnes Friedrich eingesetzt wurde, was die Hoffnungen der bisherigen Opposition im Landtag um so größer werden ließ. Dass man den Absichten des Großherzogs vertraute, lag nicht zuletzt an der programmatischen Kundgebung, mit der sich Friedrich unmittelbar nach dem Regierungswechsel an sein Volk wandte: der in der badischen Geschichte berühmt gewordenen Osterproklamation vom 7. April 1860.

Das Hauptaugenmerk der Osterproklamation galt der Kirchenfrage, die nach dem Willen Friedrichs nun nicht mehr durch die Konvention mit dem Heiligen Stuhl geregelt werden sollte, sondern – wie von der Zweiten Kammer des Landtags vorgeschlagen – auf dem Wege der Gesetzgebung. Der politische Kurswechsel sollte sich nicht auf die Kirchenpolitik beschränken; vielmehr verkündete Friedrich, dass der Grundsatz der Freiheit, der die neuen Kirchengesetze prägen sollte, auch auf anderen Gebieten des Staatslebens fruchtbar zu machen sei.

Dies bedeutete, dass er seinem neuen Ministerium freie Hand gab, ein breit angelegtes liberales Reformprogramm in Angriff zu nehmen.

Über ein solches Reformkonzept verfügte die neue Regierung bereits, als sie ihre Arbeit aufnahm; es war von Franz von Roggenbach ausgearbeitet worden, der neben Innenminister Lamey zur politischen Zentralfigur der badischen Politik in der ersten Hälfte der 1860er Jahre wurde, auch wenn er zunächst nicht in die Regierung eintrat – erst 1861 übernahm er das Außenministerium. Roggenbachs weit ausgreifendes Reformkonzept konnte allerdings nicht schnell umgesetzt werden, da zunächst die komplizierte Kirchenfrage auf der politischen Tagesordnung stand. Der leitende Minister Stabel hatte schon am Tag seiner Ernennung den Verzicht auf die Konvention erklärt. Der Protest des Freiburger Erzbischofs Hermann von Vicari, der diese einseitige Aufkündigung der Konvention als wirkungslos betrachtete, wurde von der Regierung zurückgewiesen; statt dessen legte man schon nach wenigen Wochen dem Landtag eine Reihe von Gesetzentwürfen zur Kirchenfrage vor, die mit geringen Änderungen die Kammern passierten, so dass die neuen Kirchengesetze im Oktober 1860 in Kraft treten konnten.

Die Reform der Kirchengesetze

Diese Kirchengesetze hielten an dem Prinzip des Staatskirchensystems fest, erweiterten aber den Handlungsspielraum der Kirchen merklich. Die vollständige Trennung von Staat und Kirche war von der Regierung zunächst erwogen, aber schließlich in der Annahme verworfen worden, dass eine solche radikale Lösung Proteste hervorrufen würde, denen man sich zu Beginn der »Neuen Ära« liberaler Reformpolitik nicht aussetzen wollte. Statt dessen wurde das bestehende System der engen Verflechtung von Staat und Kirche nur modifiziert. Sichtbar wurde dies zum Beispiel im öffentlichen Erziehungswesen, das vom Staat geleitet und beaufsichtigt wurde, in dem die Kirchen aber weiterhin den Religionsunterricht zu besorgen hatten. Der Zwang zum Miteinander bestand auch in der kirchlichen Vermögensverwaltung fort, und ebenso wahrte der Staat seinen Anspruch auf Überwachung der Ausbildung des geistlichen Nachwuchses: Die Kirchen durften zwar Bildungseinrichtungen für ihre Geistlichen unterhalten, für die Zulassung zu Kirchenämtern war jedoch ein Nachweis allgemeiner wissenschaftlicher Vorbildung nötig. Die Kontrollansprüche des Staates wurden auch noch in weiteren Punkten sichtbar: Ohne staatliche Genehmigung konnte sich kein Orden in Baden niederlassen, und auch bei der Besetzung der Kirchenämter besaß die Regierung weiterhin ein Einspruchsrecht – eine obligatorische staatliche Bestätigung eines neuen Amtsinhabers war zwar nicht mehr nötig; durch eine Missfälligkeitserklärung konnte die Regierung jedoch im Einzelfall kirchliche Personalentscheidungen revidieren. Insgesamt gesehen knüpften die Kirchengesetze vom Oktober 1860 materiell durchaus an die Konvention des Vorjahres an; der wichtigste Unterschied bestand in der Form der Festlegung des Rechtsverhältnisses: Statt einer Übereinkunft des Großherzogs mit dem Papst als gleichberechtigten Verhandlungspartnern wurde nun von den gesetzgebenden Faktoren im Großherzogtum – dem Monarchen und den beiden Kammern des Landtags – der Status der Kirchen einseitig festgelegt.

Verwaltungs- und Justizreform

Während die Landtagsarbeit in den ersten Monaten nach dem Beginn der »Neuen Ära« ganz im Zeichen der Kirchenpolitik stand, wurde in der Landtagssession 1861/62 mit der Verwirklichung des breiten Reformprogramms begonnen, auf das sich die neu gebildete Regierung verständigt hatte – an parlamentarischem Rückhalt fehlte es ihr nicht, da die Liberalen bei den Ergänzungswahlen 1861 mehr als ein Dutzend Mandate hinzugewannen und in der Zweiten Kammer nun eine deutliche Mehrheit besaßen; zwei Jahre später stellten sie sogar 50 der insgesamt 63 Abgeordneten. In Anbetracht dieser klaren Mehrheitsverhältnisse gelang es, zügig eine Reihe wichtiger Gesetze zu verabschieden, aus denen das Gewerbegesetz von 1862 herausragt, das in Baden die vollständige Gewerbefreiheit herstellte. Zu dieser Reform, mit der die Voraussetzungen für die Ausbreitung moderner Produktionsformen verbessert wurden, kam eine Reihe anderer Gesetze, zum Beispiel der Abschluss der Judenemanzipation. Für die weitere Entwicklung des öffentlichen Lebens im Großherzogtum von sehr großer Bedeutung waren zwei Reformen, die den Landtag 1863/64 beschäftigten. Das erste dieser Projekte war der Abschluss der Justizreformen, die schon in den 1830er Jahren und in der Revolution auf der parlamentarischen Tagesordnung gestanden hatten. Die wichtigsten Neuerungen, die nun vollzogen wurden, waren die Ausweitung der Beteiligung von Schöffen und Geschworenen an der Rechtsprechung sowie eine neue Gerichtsorganisation mit landesweit 66 Amtsgerichten. Die Prozessordnungen für Zivil- und Strafsachen wurden neu gefasst und ein Polizeistrafgesetz in Kraft gesetzt – Baden wurde damit zu einem Vorbild für die weitere Entwicklung des Rechts in Deutschland. Nicht minder wichtig war die Verwaltungsreform, mit der die noch bestehenden Elemente des bürokratischen Absolutismus beseitigt wurden, der dem Staatsaufbau am Anfang des 19. Jahr-

hunderts zugrunde gelegen hatte. An der Spitze war dieser büro-
kratische Absolutismus mit der Gewährung der Verfassung und
der Einrichtung des Landtags durchbrochen worden, und auch
auf der untersten Ebene, den Kommunen, war er mit der Ge-
meindereform von 1831, die die kommunale Selbstverwaltung
gewährleistete, verdrängt worden. Auf der mittleren Verwaltungs-
ebene bestand er allerdings noch fort. An die Stelle der alten
Mittelbehörden, die ihre Weisungen ausschließlich von oben
erhielten, traten nun neue Gremien, die auch von unten kon-
trolliert wurden, indem das Prinzip der Selbstverwaltung auch
in diesem Bereich der Verwaltung Geltung erhielt. Konkret bedeutete dies, dass die bisherigen Mittelbehörden durch Kreisverbände ersetzt wurden. Die bestehenden unteren Verwaltungsein-
heiten, die 59 Bezirksämter, wurden in elf dieser Kreisverbände
zusammengefasst, die jeweils aus drei Organen bestanden: einer
gewählten Kreisversammlung, dem von ihr auf Zeit eingesetzten
Kreisausschuss und einem Kreishauptmann, der vom Innenminis-
terium ernannt wurde und Aufsichtsrechte wahrnahm.

Das Schulaufsichtsgesetz von 1864

Verwaltungsreform und Justizreform brachten fraglos wichtige
Neuerungen; die unmittelbar stärkste Wirkung hatte jedoch das
1864 vom Landtag verabschiedete Gesetz über die Schulaufsicht,
das eine Detailfrage aufgriff, die durch die Kirchengesetze vom
Oktober 1860 aufgeworfen worden war. Damals war nur grundsätzlich festgelegt worden, dass die Aufsicht über das Schulwesen Sache des Staates sei; wie das alte System reformiert werden
sollte, in dem die Kirchen vor allem in der Aufsicht über die
Volksschulen eine zentrale Rolle innehatten, war jedoch offen
geblieben. Dies sollte nach dem Willen der Liberalen nun geklärt
werden, da sie es für überaus wichtig hielten, den Einfluss insbe-

sondere der katholischen Kirche auf die Schulen zurückzudrängen, um die Erziehung der Jugend zu mündigen Staatsbürgern zu ermöglichen – es ging ihnen also nicht nur um eine Trennung der Belange von Staat und Kirche, sie wollten gleichzeitig den vermeintlich verderblichen Einfluss der katholischen Kirche auf das öffentliche Leben eindämmen. Der wichtigste Punkt in dem Gesetz war die Einrichtung von sogenannten Ortsschulräten, denen die bisher von den Kirchen ausgeübte Aufsicht über die Volksschulen übertragen wurde. Diesen Ortsschulräten sollten neben den Pfarrern, den Lehrern und den Bürgermeistern zusätzlich Schulräte angehören, die in den Gemeinden zu wählen waren – auch hier wurde das Selbstverwaltungsprinzip wirksam, das schon der Verwaltungsreform zugrunde lag. Für die Kirchen bedeutete dies einen starken Einflussverlust, und vor allem in den Reihen der Katholiken wurden massive Proteste laut. Der Freiburger Erzbischof sprach sich in einem Hirtenbrief gegen das Gesetz aus, weil es auf die Entchristlichung der Schulen ziele, und untersagte den Geistlichen den Eintritt in die neuen Aufsichtsgremien.

Anders als bei den Protesten der Kirchenleitung gegen die Zurückweisung der Konvention von 1859 und die Kirchengesetze vom Oktober 1860 fand der Widerstand dieses Mal populäre Resonanz: Die Wahlen der Ortsschulräte am Jahresende 1864 wurden von vielen Katholiken boykottiert, so dass trotz massiver Interventionen der Regierung in einer größeren Zahl von Gemeinden die neuen Gremien in der vorgesehenen Form nicht zustande kamen. Zeugnis für die Existenz eines katholischen Protestpotentials gegen die liberale Schulpolitik gaben außerdem eine Reihe von Adressen an den Großherzog, in denen die Rücknahme des Schulaufsichtsgesetzes gefordert wurde.

Die katholische Protestbewegung

Am Jahresanfang 1865 fand der katholische Protest Ausdruck in einer Reihe von Versammlungen, die von dem Heidelberger Kaufmann Jakob Lindau organisiert wurden. Lindau hatte schon zuvor in Heidelberg eine Gruppe streng kirchlich orientierter Katholiken in dem sogenannten Casino zusammengeführt, das sich in den Kontroversen um das Schulaufsichtsgesetz politisch zu betätigen begann. Die Erfolge, die man dabei erzielte, ermutigten Lindau, auch außerhalb Heidelbergs aktiv zu werden. Es kam zu einer Reihe von Veranstaltungen, die im Februar 1865 ihren Höhepunkt erreichten. Das Hauptthema dieser Versammlungen war jeweils das Schulaufsichtsgesetz vom Vorjahr, dessen Aufhebung in Resolutionen gefordert wurde, für die man Unterschriften sammelte. Die Casino-Bewegung erlebte allerdings nur eine kurze Blüte: Nachdem eine Versammlung in Mannheim Ende Februar von liberalen Gegendemonstranten gestört worden und es dabei zu Handgreiflichkeiten gekommen war, verbot die Regierung weitere Veranstaltungen des Casinos. Lindau und die übrigen Führer des katholischen Protests mussten nun über neue Formen der politischen Einflussnahme nachdenken und entschieden sich auf einer Konferenz im Mai 1865, die parlamentarische Bühne zu betreten und sich sowohl an den Wahlen zu den neu geschaffenen Kreisversammlungen sowie an den im Herbst anstehenden Ergänzungswahlen für die Zweite Kammer des Landtags zu beteiligen. In einige der Kreisversammlungen konnte die katholische Opposition einziehen; Landtagsmandate errang sie jedoch zunächst nicht, obwohl sich der Freiburger Erzbischof in ungewöhnlicher Weise im Wahlkampf exponiert und zur Wahl kirchentreuer Kandidaten aufgerufen hatte. Die Dominanz der Liberalen im Landtag blieb also erhalten, wenngleich mit der Casino-Bewegung sichtbar wurde, dass sich eine neue Interessengruppe politisch zu formieren begann, die den

bisherigen Errungenschaften der »Neuen Ära« kritisch gegenüberstand.

Die Ausdifferenzierung des Liberalismus

Im Streit über die Frage, wie man auf die katholische Protestbewegung reagieren solle, geriet die Einheit der liberalen Partei im
Herbst 1865 in Gefahr. Es formierte sich ein linker Flügel des
Liberalismus, der den Kulturkampf forcieren wollte. Die Mittel,
die sich zu diesem Zweck anboten, waren vielfältig – eines der
von den Linksliberalen favorisierten Themen war die Einführung der obligatorischen Zivilehe, das heißt, die Rechtsgültig-
keit von Eheschließungen sollte nur durch einen standesamtli-
chen Akt zustande kommen und die kirchliche Trauung zu einer
Nebenhandlung herabgestuft werden. Dass sich hiergegen Proteste erheben würden, war zu erwarten – schließlich wäre es ein
Traditionsbruch gewesen, der vielen Katholiken als ein weiterer
Schritt zur Entchristlichung des öffentlichen Lebens erscheinen
mochte. Diejenigen Liberalen, die mit dem Gedanken spielten,
auf Distanz zur Regierung zu gehen, die weitere Konflikte mit
dem Katholizismus vermeiden wollte, entwarfen jedoch nicht
nur weitere kirchenpolitische Pläne, sondern entwickelten auch
auf anderen Gebieten einen starken Reformeifer.

Vor allem planten sie einen Ausbau der Verfassung, die durch
die bisherigen Reformen der »Neuen Ära« noch gar nicht berührt worden war. Dass Probleme wie das Wahlrecht für die
Zweite Kammer, die Kompetenzen des Landtags oder die Zusammensetzung der Ersten Kammer, die ja für die politische
Ordnung von zentraler Bedeutung waren, bisher nicht auf die
parlamentarische Tagesordnung gekommen waren, mutet erstaunlich an, zumal die Verfassung inzwischen fast 50 Jahre alt
war und man durchaus die Frage stellen konnte, ob nicht die

Zeit für eine Modernisierung gekommen sei. Andererseits ist
verständlich, dass die Liberalen diesen Themen zunächst keine
Aufmerksamkeit widmeten. Da sie selbst die politische Macht
innehatten, schien das politische System gut zu funktionieren,
so meinten sie offensichtlich. Dies änderte sich jedoch 1865, als
zwischen den Liberalen in der Regierung und einem Teil der Liberalen in der Zweiten Kammer Meinungsverschiedenheiten vor
allem in Fragen der politischen Taktik auftraten.

Der linke Flügel der Liberalen brachte vor Beginn der Landtagssession von 1865/66 eine Reihe von Themen in die politische
Diskussion, die jeweils große Brisanz bargen: Die Forderung
nach weiteren Kirchengesetzen drohte ein Wiederaufleben der
katholischen Opposition zu provozieren, die durch das Verbot
der Casino-Bewegung gerade erst unterdrückt worden war; die
ebenfalls geforderte zeitgemäße Reorganisation der Ersten Kammer drohte den Widerstand der Adelsvertreter im Landtag her-
vorzurufen, und die von Linksliberalen favorisierte gesetzliche
Regelung der Ministerverantwortlichkeit war auch ein heikles
Thema, weil sie die verfassungsrechtliche Stellung der Regierung
und indirekt auch die des Monarchen berührte. Dass es sich
bei diesen Programmpunkten nicht nur um eine Wunschliste
handelte, sondern dass man bereit war, für ihre Durchsetzung
zu kämpfen, unterstrichen die badischen Linksliberalen, als sie
zu Beginn der Landtagssession im Herbst 1865 eine eigenständige Fraktion in der Zweiten Kammer bildeten. Dies sollte zwar
noch nicht eine Abspaltung von der großen liberalen Partei bedeuten, aber doch einen engeren Zusammenschluss derjenigen
Abgeordneten, die zur Konfrontation mit der Regierung bereit
waren, wenn diese ihren Reformforderungen nicht folgen würde.
Knapp zwei Dutzend Kammermitglieder traten dieser Fraktion
bei, die sich einen kämpferischen Namen gab: Fraktion der Fortschrittspartei – kämpferisch insofern, als man sich bei der Na-
mensgebung vom Beispiel Preußens inspirieren ließ, wo die 1861

gegründete Fortschrittspartei sich in dieser Zeit – der Zeit des preußischen Heeres- und Verfassungskonflikts – in einer erbitterten Auseinandersetzung mit der Regierung Bismarck befand.

Für die Landtagssession 1865/66 drohte also eine massive Konfrontation zwischen den Linksliberalen und der Regierung und damit verbunden wohl zwangsläufig auch eine Spaltung der liberalen Partei. Dass diese Konfrontation schließlich ausblieb, lag nicht daran, dass die Regierung der Fortschrittspartei einige Zugeständnisse machte und zum Beispiel Vorlagen für ein neues Pressegesetz und ein neues Versammlungsgesetz präsentierte, die ebenfalls von den Linksliberalen gefordert worden waren; der Grund für den unerwartet konfliktarmen Verlauf der Landtagssession war vielmehr die Tatsache, dass ein anderes Problem ganz in den Vordergrund trat und die linksliberalen Forderungen vorübergehend beiseite schob: nämlich die nationale Frage, die sich im Frühjahr 1866 zuspitzte, als der Krieg zwischen Österreich und Preußen, der das Ende des Deutschen Bundes bedeuten sollte, unmittelbar bevorstand.

Baden und die Reichsgründung

Die deutsche Frage, das heißt, die Lösung des Problems der preußisch-österreichischen Rivalität, die den Deutschen Bund in seiner Handlungsfähigkeit zunehmend einschränkte, beschäftigte die badische Politik seit dem Beginn der »Neuen Ära«. Roggenbach hatte bereits 1859 ein detailliertes nationalpolitisches Konzept entworfen, mit dem er an die Vorstellungen anknüpfte, die von den Liberalen in der Paulskirche ein Jahrzehnt zuvor entwickelt worden waren, nämlich dass ein von Preußen geführter Bundesstaat an die Stelle des Deutschen Bundes treten müsse. Dass diese sogenannte kleindeutsche Lösung gerade 1859 wieder auf die politische Tagesordnung kam, war eine Folge des Krieges, den Österreich in diesem Jahr gegen Frankreich und die italienische Nationalbewegung geführt und verloren hatte und in dem die Systemschwäche des Deutschen Bundes erneut augenfällig geworden war: Das Fehlen einer handlungsfähigen Bundesexekutive führte zu einer Lähmung des Bundes, die vor allem in außenpolitischen Krisensituationen verhängnisvoll war.

Der Gedanke an eine Reform des Bundes wurde damit wieder aktuell, wobei nicht nur Roggenbach, sondern ein großer Teil der deutschen Liberalen meinte, dass allein Preußen die Führungsrolle übernehmen könne. Dass es Roggenbach gelang, den Großherzog von seinem Bundesreformplan zu überzeugen, erklärt sich in erster Linie durch die liberalen Grundüberzeugungen Friedrichs; eine gewisse Rolle spielte aber auch der Umstand, dass enge Beziehungen zwischen dem badischen und dem preußischen Herrscherhaus bestanden: Friedrich hatte nämlich die preußische Prinzessin Luise geheiratet und war damit der Schwiegersohn König Wilhelms I.

Roggenbach, der Großherzog und mit ihnen auch die Liberalen im Landtag betrachteten die nationale Frage als überaus
bedeutsam für das Schicksal der badischen Landespolitik. Dass
nämlich politische Reformen im Großherzogtum nicht von
Dauer sein konnten, wenn sie dem allgemeinen politischen
Trend in Deutschland widersprachen, hatte sich in der Vergangenheit mehrfach gezeigt: zum Beispiel Anfang der 1830er
Jahre, als die Errungenschaften des badischen Reformlandtags
von 1831 durch die Repressionspolitik des Bundes zunichte
gemacht worden waren, oder auch in der Revolution 1848/49,
als die politische Situation im Großherzogtum aufgrund der
nationalpolitischen Entwicklungen eskaliert war.

Ein Inseldasein konnte man nicht führen, und deshalb war es
für die Absicherung der landespolitischen Reformen unverzichtbar, auf gesamtdeutscher Ebene ein stabiles System zu errichten,
in dem sich liberale Politik entfalten konnte. Roggenbach bemühte sich deshalb seit seiner Ernennung zum Außenminister
1861 mit großem Eifer darum, seinen Bundesreformplan voran-
zubringen, hatte aber keinen Erfolg: Zwar fand er beim preußischen König verständlicherweise positive Resonanz, aber in den
anderen deutschen Staaten zeigte man sich zurückhaltend – von
österreichischer Seite wurden seine diplomatischen Vorstöße
sogar offen zurückgewiesen. Trotzdem setzte die badische Regierung ihre preußenfreundliche Politik fort, was jedoch in Anbetracht der inneren Entwicklung in Preußen immer schwieriger
wurde. Dort nämlich eskalierte der Streit zwischen Krone und
Landtag über eine Heeresreform zu einem Verfassungskonflikt,
als Bismarck 1862 preußischer Ministerpräsident wurde. Für die
deutschen Liberalen schied Preußen damit zunächst als Hoffnungsträger wieder aus und wurde erneut zum Musterland der

Reaktion. Je länger Bismarck seinen Kampf gegen die Liberalen in Preußen führte, desto schwieriger wurde es für Roggenbach, sein nationalpolitisches Konzept zu verteidigen. Als die Liberalen in der Zweiten Kammer des badischen Landtags mehrfach ihre Solidarität mit ihren politischen Gesinnungsgenossen in Preußen bekundeten, war dies zugleich ein indirektes Misstrauensvotum gegen Roggenbach, der schließlich im Herbst 1865 sein Amt als badischer Außenminister aufgab.

Der preußisch-österreichische Krieg 1866

Sein Nachfolger wurde der bisherige badische Gesandte in Wien, Freiherr Ludwig von Edelsheim, der in den innenpolitischen Fragen ebenfalls liberale Anschauungen vertrat, aber in der Nationalpolitik in größerer Distanz zu Preußen stand. Dies hatte erhebliche Auswirkungen auf die Haltung der badischen Regierung in der ersten Jahreshälfte 1866, als sich die Kontroverse zwischen Österreich und Preußen hochschaukelte und in einen Krieg führte, der das Ende des Deutschen Bundes bedeutete. In dieser Krise, die sich an der Frage der Verteilung der Rechte in Schleswig-Holstein entzündete, das nach dem Krieg gegen Dänemark gemeinsam an Preußen und Österreich gefallen war, bemühte sich die badische Regierung vergeblich um Neutralität. Da Preußen die Kampfhandlungen eröffnete, bestand kein Zweifel daran, wer der Aggressor war. In dieser Situation neutral zu bleiben, hätte einen eindeutigen Bruch des Bundesrechts bedeutet, den sich Baden als mindermächtiges Bundesmitglied nicht erlauben konnte, zumal die unmittelbaren Nachbarn allesamt auf der Seite Österreichs in den Krieg eintraten. So musste man ebenfalls gegen Preußen kämpfen: Allerdings wurde der Abmarsch der badischen Truppen verzögert, und sie hielten sich auch aus vermeintlich strategischen Gründen vom Gegner möglichst fern. In einige Gefechte wurden sie dann doch verwickelt, allerdings ohne dass es zu größeren Verlusten kam: Man zählte gut zwei Dutzend Tote und knapp 200 Verwundete. Dass die wenig ruhmvollen Aktionen der badischen Truppen auf Seiten Österreichs und seiner Verbündeten harte Kritik hervorriefen, war nicht verwunderlich.

Nach dem preußischen Waffenerfolg in der Schlacht bei Königgrätz, die den Krieg entschied, sah Großherzog Friedrich den Zeitpunkt für einen politischen Kurswechsel gekommen. Unterstützt wurde er in dieser Auffassung von den badischen Liberalen, die am 21. Juli 1866 eine Abordnung zum Großherzog schickten und ihm erklärten, dass nach Lage der Dinge nur Preußen eine deutsche Einigung herbeiführen könne. Zu den 40 Landtagsabgeordneten, die sich auf diese nationalpolitische Grundsatzerklärung verständigten, gehörten sowohl gemäßigte Liberale als auch ehemalige Angehörige der Fraktion der Fortschrittspartei, die sich ein Dreivierteljahr zuvor formiert hatte, um die Regierung zu weiteren innenpolitischen Reformen zu drängen, die sich aber inzwischen aufgelöst hatte. Die Nationalpolitik überlagerte somit die Konflikte innerhalb der liberalen Partei, die sich, anders als bei Beginn der Landtagssession zu erwarten gewesen war, nicht gespalten, sondern gefestigt hatte, weil ihr der preußische Waffenerfolg gegen Österreich nun wieder ein klares politisches Ziel gab, auf das sich die zuvor konkurrierenden Flügel des Liberalismus einigen konnten: auf die Gründung eines kleindeutschen Nationalstaats unter preußischer Führung. Diese Auffassung hatte Großherzog Friedrich im Grunde nie aufgegeben - er hatte sie jedoch nach dem Rücktritt Roggenbachs unter dem Eindruck der allgemeinen Kritik an der preußischen Politik nicht zur Geltung bringen können. Dies änderte sich schon im Juli 1866, als er Außenminister Edelsheim von seinem Posten entließ, woraufhin die übrigen Minister, die seinen nationalpolitischen Kurs mitgetragen hatten, zurücktraten.

Mit der Regierungsneubildung beauftragte der Großherzog den ehemaligen Handelsminister Karl Mathy, der als einsamer Streiter unter seinen Ministerkollegen vergeblich für die Fortsetzung der preußenfreundlichen Politik gekämpft hatte. Zur wichtigsten Figur neben Mathy in der neuen Regierung wurde als Innenminister der liberale Heidelberger Professor der Rechtswissenschaften Julius Jolly, der zwei Jahre später, nach Mathys Tod, die Leitung der Regierung übernahm.

Julius Jolly (1823–1891)

Der Friedensvertrag mit Preußen

Die Hauptaufgabe der neuen Regierung war es, Frieden mit Preußen zu schließen. Dies geschah nach Verhandlungen des neuen Außenministers Rudolf von Freydorf in Berlin im August 1866. Die Friedensverhandlungen verliefen anders, als es sich die badische Regierung erhofft hatte: Bismarck dachte nicht daran, Baden wegen der zögerlichen Kriegsführung und wegen des schnellen Umschwenkens gegenüber den anderen süddeutschen Kriegsgegnern zu begünstigen, die allerdings alle recht glimpflich davonkamen. Während Preußen im Norden einige Kriegsgegner annektierte, wurden den süddeutschen Staaten, die unterhalb der Mainlinie und damit außerhalb des direkten preußischen Einflussbereichs lagen, lediglich Entschädigungszahlungen auferlegt. Neben den Reparationen, die den badischen Staatshaushalt der folgenden Jahre erheblich belasteten, bereiteten auch die übrigen Bestimmungen des Friedensvertrags der neuen Regierung Probleme. Die Auflösung des Deutschen Bundes bedauerte sie zwar nicht; misslich war jedoch, dass zumindest für die süddeutschen Staaten kein Ersatz geschaffen wurde. In dem preußisch-österreichischen Friedensvertrag, dessen Regelungen auch von Baden akzeptiert werden mussten, war nämlich festgelegt worden, dass die deutschen Staaten nördlich der Mainlinie sich zu einem engeren Bund unter preußischer Führung zusammenschließen konnten, während die süddeutschen Staaten völkerrechtlich unabhängig wurden – mit der Option, sich in einem Südbund zu vereinigen. Der Friedensvertrag legte es der badischen Regierung also nahe, Rückhalt bei Bayern und Württemberg zu suchen, was aber gerade nicht den Zielen Mathys und Jollys entsprach, die in ihrem Regierungsprogramm das Ministerium darauf verpflichtet hatten, einen möglichst schnellen Anschluss an Preußen herbeizuführen. Dies aber war in der Situation nach dem Kriegsende nicht möglich: Deutschland wurde vielmehr mit der Auflösung des Deutschen Bundes getrennt: in den von Preußen dominierten Teil nördlich des Mains, wo sich schnell der Norddeutsche Bund gründete, dessen Verfassung die des späteren Kaiserreichs vorwegnahm, sowie Süddeutschland mit den unabhängigen Staaten Bayern, Württemberg und Baden.

Eine Verbindung bestand immerhin durch geheime Militärabkommen, die Preußen mit den süddeutschen Staaten abschloss – Schutz- und Trutzbündnisse, in denen sich die Vertragspartner gegenseitig ihre territoriale Integrität garantierten und sich verpflichteten, im Kriegsfall einander zur Seite zu stehen, wobei keinerlei Einschränkungen formuliert wurden. Es handelte sich also um ein Offensiv- und Defensivbündnis, das nach Lage der Dinge für den Fall eines Angriffs Österreichs oder Frankreichs, aber auch einer preußische Offensive zur Herstellung der Einheit mit Süddeutschland konzipiert war.

Regierung und Landtag 1866/67

Die innenpolitische Lage in Baden nach dem Kriegsende von 1866 war für die neue Regierung nicht unkompliziert. Sie hatte ein gutes, wenn auch nicht spannungsfreies Verhältnis zur liberalen Mehrheit des Landtags. Der leitende Minister Mathy war zwar einer der Veteranen des badischen Liberalismus – er hatte schon in der Revolution 1848/49 ein Regierungsamt innegehabt –, zu der Kammermehrheit der 1860er Jahre stand er jedoch in deutlicher Distanz. Ähnlich war die Position des Innenministers Jolly; auch er zählte nicht zur Führungsgruppe der badischen liberalen Partei. Bei der Regierungsneubildung nach dem Krieg von 1866 ergab sich also ein ganz anderes Bild als bei der innenpolitischen Wende von 1860, als der Oppositionsführer Lamey in die Regierung berufen worden war. Dieses Mal nahm der Großherzog bei seinen Personalentscheidungen nicht in erster Linie auf die Stimmung im Landtag Rücksicht und kehrte damit bei der Regierungsbildung gewissermaßen vom parlamentarischen wieder zum konstitutionellen Prinzip zurück. Dies entsprach vollauf den Vorstellungen Mathys und Jollys, die die Unabhängigkeit der Regierung von der Landtagsmehrheit wieder stärker herausstellen wollten. Den liberalen Regierungszielen der »Neuen Ära«, der innenpolitischen Modernisierung und der deutschen Einheit, fühlten sich auch Mathy und Jolly verpflichtet; allerdings veränderten sich die Regierungsformen, so dass man mit einer gewissen Überspitzung sagen könnte, dass die »Neue Ära« 1866 endete.

Nach außen hin wurde dieser Kurswechsel jedoch kaum sichtbar, da die liberale Landtagsmehrheit in den wichtigen Tagesfragen mit der Regierung übereinstimmte. Die wichtigste dieser Fragen war zweifellos die nationale Frage, die auch nach dem Willen der Mehrheit in beiden Kammern des Landtags durch einen möglichst baldigen Anschluss des Großherzogtums an den

Norddeutschen Bund gelöst werden sollte. Da man dieses Ziel aus eigener Macht nicht erreichen konnte, mussten sich die Regierung und die Kammerliberalen darauf beschränken, den Anschluss durch geeignete Maßnahmen vorzubereiten: durch eine Reform des Militärsystems, die in Baden ohnehin auf der Tagesordnung stand und nun nach dem Willen der Liberalen eine möglichst große Angleichung an das preußische Heereswesen bringen sollte, sowie durch den zollpolitischen Anschluss Badens und der übrigen süddeutschen Staaten an den Norddeutschen Bund, der ebenfalls 1867 vollzogen wurde.

Beide Maßnahmen, die mit komfortablen Mehrheiten von den beiden Kammern des Landtags gebilligt wurden, waren im Lande nicht sehr populär: Die Militärreform verursachte erhebliche Kosten, und der wirtschaftliche Nutzen des zollpolitischen Anschlusses an den Norddeutschen Bund war zumindest ungewiss. Von der sich verbreitenden Verunsicherung profitierte die katholische Opposition, die nach der Unterdrückung der Casino-Bewegung und der Niederlage der katholischen Großmacht Österreich im Krieg gegen Preußen von der politischen Bühne verschwunden war, seit dem Jahresanfang 1868 aber wieder Rekrutierungserfolge verzeichnen konnte.

Badische Nationalpolitik

Trotzdem setzte die badische Regierung in der Nationalpolitik den Kurs fort, den sie bislang schon verfolgt hatte, das heißt, sie widersetzte sich den Plänen der Gründung eines Südbundes, die vor allem von bayerischer Seite mehrfach vorgebracht wurden. Statt dessen wartete man auf eine einschneidende Veränderung der politischen Gesamtkonstellation, die einen Anschluss an den Norddeutschen Bund ermöglichen würde. Ein isolierter Beitritt Badens zum Norddeutschen Bund, zu dem die badische

Regierung durchaus bereits gewesen wäre, kam nicht in Betracht, vor allem, weil Bismarck diesem Anliegen ablehnend gegenüberstand – er fürchtete eine Kontroverse mit Frankreich, die er nur eingehen wollte, wenn alle süddeutschen Staaten zum Anschluss bereit waren. Dies kam schneller als erwartet, als Frankreich sich im Sommer 1870 zu einem Angriffskrieg gegen Preußen verleiten ließ, der die Schutz- und Trutzbündnisse wirksam machte. Die Eskalation des französisch-preußischen Konflikts im Juli 1870 kam für die badische Regierung sehr überraschend. Dass man sich an der Seite Preußens am Krieg beteiligen werde, stand jedoch außer Zweifel, auch wenn der französische Gesandte in Karlsruhe einige Anstrengungen unternahm, den badischen Außenminister Freydorf zur Neutralität zu bewegen.

Am 15. Juli wurde die Mobilmachung der badischen Truppen verkündet, und eine Woche später beschloss die Regierung, dass der Bündnisfall gegeben sei. Auf offene Provokationen Frankreichs verzichtete man allerdings, da Baden wegen der langen gemeinsamen Grenze ein potentielles Angriffsziel war. Entsprechend besorgt war auch die öffentliche Stimmung im Großherzogtum in den ersten Kriegstagen. Als sich dann jedoch abzeichnete, dass Baden selbst nicht Kriegsschauplatz werden würde und zudem die Nachrichten von den ersten deutschen Waffenerfolgen eintrafen, wuchs die Zuversicht.

Kurz nach der entscheidenden Schlacht bei Sedan legte die badische Regierung Bismarck eine Denkschrift vor, in der für einen Anschluss Badens an den Norddeutschen Bund plädiert wurde, worauf Bismarck allerdings zunächst nicht reagierte. Er sah noch keinen Handlungsbedarf, sondern wollte zunächst abwarten, wie sich die bayerische und die württembergische Regierung zur Frage der nationalen Einheit stellen würden. Dass die Verhandlungen mit München und Stuttgart schwierig werden würden, stand zu befürchten, und auch deshalb wollte Bismarck zunächst in der badischen Sache nichts unternehmen – er spekulierte vielmehr darauf, den unbedingten Anschlusswillen der badischen Regierung zu einem späteren Zeitpunkt als Druckmittel gegen Bayern und Württemberg einsetzen zu können.

Dies geschah dann auch knapp drei Wochen später: Bismarck signalisierte der badischen Regierung, dass ein Beitrittsersuchen nun willkommen sei. Ein entsprechender Antrag folgte sogleich; er zielte auf den Eintritt in den Norddeutschen Bund auf der Grundlage der geltenden Verfassung und übte tatsächlich Druck auf die süddeutschen Nachbarn aus, die allerdings als Kompensationen für ihren Beitritt einige Sonderrechte verlangten, die ihnen von Bismarck auch gewährt wurden. Vollzogen wurde der Anschluss der süddeutschen Staaten, der die Umbildung des Norddeutschen Bundes zum Deutschen Reich möglich machte, durch separate Verträge, die zunächst den jeweiligen Landtagen vorgelegt wurden und dann dem Reichstag, der die in zahlreichen Einzelpunkten revidierte Verfassung im März 1871 verabschiedete. Als eigentlicher Gründungsakt der Deutschen Reiches galt den Zeitgenossen jedoch die Proklamation Wilhelm I. von Preußen zum Kaiser. Der erste unter den Anwesenden, der in Versailles das Hoch auf Kaiser Wilhelm ausbrachte, war der badische Großherzog Friedrich, der mit seiner liberalen und preußenfreundlichen Haltung maßgeblich dazu beigetragen hatte, dass der Anschluss Badens reibungslos verlaufen war, und der deshalb von vielen Zeitgenossen als ein Vorkämpfer der deutschen Einheit geehrt wurde. Unter den deutschen Fürsten stellte er mit seiner betont nationalen Haltung eine Ausnahme dar, denn die meisten von ihnen bedauerten den persönlichen Machtverlust, den die Reichsgründung von 1866/71 für sie bedeutete.

Widerstände gegen den Anschluss an Preußen

Den Anschluss des Großherzogtums an den Norddeutschen Bund innenpolitisch durchzusetzen, bereitete – anders als in Württemberg und Bayern, wo es starke preußenfeindliche Parteien gab – in Baden vergleichsweise geringe Probleme. Die liberale Partei, in der sich 1865 deutliche Spaltungstendenzen gezeigt hatten, sammelte sich im Zeichen der nationalen Parole neu. Bis in den linken Flügel der Partei hinein setzte sich die Auffassung durch, dass der Streit über die landespolitischen Themen in Anbetracht der Chance zur Reichsgründung zurückstehen müsse.

Widerstand gegen die Politik eines schnellen und bedingungslosen Anschlusses an Preußen gab es im badischen Liberalismus kaum. Lediglich zwei Mitglieder der inzwischen aufgelösten Fraktion der Fortschrittspartei widersetzten sich: der spätere Mannheimer Oberbürgermeister Eduard Moll und der Offenburger Rechtsanwalt Heinrich von Feder. Sie favorisierten die Gründung eines Südbundes, der mit dem Norddeutschen Bund über einen Zusammenschluss verhandeln sollte – auf der Grundlage der Paulskirchenverfassung von 1849. Sollte sich Preußen darauf nicht einlassen, wollte man zu Gunsten der Freiheit auf die Einheit verzichten. Die Zahl der Mitstreiter, die sich für dieses Programm gewinnen ließen, blieb gering: Die liberalen Linksabweichler formierten sich in einer kurzlebigen Partei, der Deutschen Partei in Baden, die bei den Landtagswahlen 1867 aber keinen Erfolg erzielen konnte. Später schlossen sie sich der vor allem in Württemberg starken demokratischen Deutschen Volkspartei an und schafften es, sich in den 1870er Jahren als kleine linke Partei im badischen Landtag zu etablieren.

Die zweite Gruppierung, die dem Anschluss Badens an den Norddeutschen Bund Widerstand zu leisten versuchte, war die Katholische Volkspartei, in der sich 1869 die katholische Protestbewegung organisatorisch zusammenschloss, die in Reaktion auf die Kirchenpolitik der »Neuen Ära« entstanden war. Die Katholische Volkspartei hielt fest am Ziel eines großen föderalistisch geeinten Deutschlands mit Einschluss Österreichs und wollte damit eine Alternative zu der liberalen Politik des Anschlusses an Preußen bieten. Bei den Landtagswahlen 1869 konnte sie allerdings nur einen bescheidenen Erfolg erzielen: Zu dem Mandat Lindaus, des Gründers der Casino-Bewegung, der dem Landtag bereits seit 1867 angehörte, gewann sie lediglich drei Mandate hinzu. Immerhin war die vierköpfige Fraktion der katholischen Opposition damit stärker vertreten als die liberalen Linksabweichler, die ebenfalls gehofft hatten, bei den Landtagswahlen zusätzliche Mandate zu gewinnen. Als das Deutsche Reich im Krieg mit Frankreich entstand, hatten die Nationalliberalen im badischen Landtag also eine ganz klare Mehrheit, und es bestand deshalb auch kein Zweifel daran, dass die Einigungsverträge, die die badische Regierung mit Preußen am Jahresende 1870 abschloss, die Billigung des Parlaments finden würden. Schließlich stimmte ihnen sogar die Opposition zu, die sich in dieser Situation auf den Boden der Tatsachen stellte und akzeptierte, dass mit dem preußischen Waffenerfolg die Reichsgründung unumgänglich geworden war. Den Makel der nationalen Unzuverlässigkeit konnte man damit allerdings nicht abwenden – es wurde sowohl den liberalen Linksabweichlern als auch der Katholischen Volkspartei von liberaler Seite in den folgenden Jahren immer wieder vorgeworfen, am Vorabend der Reichsgründung falsche Ziele verfolgt zu haben und deshalb zu den Besiegten der Geschichte zu zählen.

Innenpolitische Probleme in den Reichsgründungsjahren

Die Reichsgründung stellte in der Geschichte des Großherzogtums Baden einen markanten Einschnitt dar, weil fortan die Handlungsspielräume für eine eigenständige Politik erheblich kleiner wurden als zu Zeiten des Deutschen Bundes. Außenpolitik und Militärwesen fielen fortan in die Kompetenz des Reiches, das auch für die Schaffung einer Wirtschafts- und Rechtseinheit zuständig war. Eine vollständige Entmachtung der Einzelstaaten bedeutete die Reichsverfassung von 1871 jedoch nicht. Sie blieben für alle Bereiche zuständig, die durch die Gesetzgebung des Reiches nicht geregelt wurden, und sie hatten auch die Möglichkeit zu verhindern, dass die Kompetenzen des Reiches weiter ausgedehnt wurden – der Bundesrat als das noch vor dem Reichstag wichtigste Verfassungsorgan nämlich konnte mit einer Sperrminorität Verfassungsänderungen abwehren, die auf eine solche Kompetenzerweiterung zielten. Zu den Rechten, die bei den Einzelstaaten verblieben, weil sich die Verfassung nicht über sie äußerte, gehörten so wichtige Bereiche wie das Bildungswesen und die Sozialpolitik, die erst in den 1880er Jahren vom Reich aufgegriffen wurden, sowie die Regelung des Verhältnisses von Staat und Kirche. Dass die Reichsverfassung starke föderalistische Züge trug, ist auch an dem Umstand zu erkennen, dass sie nur sehr allgemeine Vorgaben für die politischen Ordnungen in den Einzelstaaten machte, die sehr unterschiedlich waren: Das Spektrum reichte von den beiden mecklenburgischen Großherzogtümern mit ihrer altständischen Verfassung, die die politische Macht in den Händen des Adels beließ, bis hin zu den Verfassungsordnungen in Süddeutschland, wo sich die Volksvertretungen eine zentrale politische Rolle erkämpft hatten. Besonders prägnanten Ausdruck fand dieser Verfassungsföderalismus im Kaiserreich in den vielfältigen Wahlrechtsbestimmungen für die einzelstaatlichen Landtage: Direktes und indirektes, geheimes und öffentliches Wahlverfahren existierten in Deutschland nebeneinander, und das Wahlrecht konnte entweder durch einen Zensus beschränkt oder allgemein, ungleich oder gleich sein.

Badische Verfassungspolitik in den 1860er Jahren

Da hierin große Brisanz lag, wurde die Verfassungspolitik in vielen deutschen Staaten in den Reichsgründungsjahren zu einem der beherrschenden innenpolitischen Themen. Dies war auch in Baden der Fall, wo die Verfassungspolitik, die in den ersten Jahren der »Neuen Ära« keine wichtige Rolle gespielt hatte, 1865 auf die Tagesordnung kam, als sich der linke Flügel des Liberalismus fester zusammenschloss. Nach fast 50-jährigem Bestehen der Verfassung schien den Linksliberalen eine Modernisierung der politischen Ordnung nötig, wobei sie eine Änderung des Wahlrechts für die Zweite Kammer, eine Reorganisation der Ersten Kammer sowie die gesetzliche Regelung der Ministerverantwortlichkeit für die vordringlichen Aufgaben hielten. Die Fraktion der Fortschrittspartei verschwand zwar nach wenigen Monaten, als sich die beiden Flügel des badischen Liberalismus im Zeichen der nationalen Parole wieder annäherten; die verfassungspolitischen Reformforderungen blieben jedoch akut. Zumindest Teile dieses Reformprogramms wurden noch in der zweiten Hälfte der 1860er Jahre erfüllt, weil der Regierung sehr an dem Fortbestand einer großen und einigen liberalen Partei gelegen war, deren Unterstützung in der Nationalpolitik sie bedurfte. Die Regierung stimmte den Verfassungsreformen also nicht in erster Linie zu, weil sie sie für nötig hielt, sondern weil sie die Linksliberalen besänftigen wollte.

Reform des Wahlrechts

Im Mittelpunkt der Verfassungsreformdebatten stand die Änderung des Wahlrechts für die Zweite Kammer: Das Landtagswahlverfahren, das 1818 festgelegt worden war, schien in den 1860er Jahren in mehrfacher Hinsicht rückständig zu sein: Es war nicht allgemein, weil immer noch diejenigen volljährigen Männer ausgeschlossen waren, die nicht das Ortsbürgerrecht besaßen; es war öffentlich und indirekt; außerdem war die Wählbarkeit der Abgeordneten der Zweiten Kammer durch eine hohe Vermögensqualifikation eingeschränkt. Dieser Zensus für das passive Wahlrecht wurde schon in der Landtagssession 1867 beseitigt, weil er allseits als unzeitgemäß empfunden wurde. Künftig galt für die Wählbarkeit auch in Baden nur noch eine Altersbeschränkung: Die Abgeordneten mussten mindestens 30 Jahre alt sein. Nach dem Vorbild des Reichstagswahlrechts des Norddeutschen Bundes weitete man in der Landtagssession 1869/70 die Wahlberechtigung aus; allerdings gingen dieser Entscheidung langwierige Diskussionen voraus, in denen sich zeigte, dass viele Liberale zu diesem Zeitpunkt noch keineswegs gewillt waren, allen volljährigen Männern die gleichen politischen Rechte zu gewähren. Schließlich lehnte man sich trotzdem eng an die entsprechenden Bestimmungen der Verfassung des Norddeutschen Bundes an: Bei den Landtagswahlen waren zukünftig alle Staatsbürger wahlberechtigt, die das 25. Lebensjahr vollendet und im Wahlbezirk ihren Wohnsitz hatten. Ausgenommen waren Entmündigte, Personen, über deren Vermögen ein Konkursverfahren eröffnet wurde, sowie – und dies war typisch für die Wahlordnungen dieser Zeit – die Empfänger öffentlicher Armenunterstützung. Zu einer Senkung des Wahlalters von 25 auf 21 Jahre, wie sie von einigen Mitgliedern der Zweiten Kammer gefordert worden war, konnten sich die Regierung und die Mehrheit der Liberalen im Landtag nicht entschließen. Die Abschaffung des öffentlichen Wahlverfahrens stieß dagegen auf breite Zustimmung und wurde ebenfalls in der Landtagssession 1869/70 vollzogen, so dass die Badener fortan geheim wählen konnten und ihre Stimmen nicht mehr öffentlich zu Protokoll geben mussten.

Eine vollständige Angleichung des badischen Landtagswahlrechts an das Wahlrecht für den Reichstag des Norddeutschen Bundes nahm man jedoch nicht vor, denn nach dem übereinstimmenden Willen von Regierung und Landtagsmehrheit sollte in Baden auch weiterhin indirekt gewählt werden, das heißt, wie bisher wurden zunächst Wahlmänner gewählt und in einem zweiten Wahlakt von diesen dann die Abgeordneten. Dies wurde damit gerechtfertigt, dass die durch höhere Bildung ausgezeichneten Wahlmänner besser in der Lage seien, sich ein richtiges Bild von den Kandidaten zu machen, unabhängig zu urteilen und Kompromisse zu schließen. Beim direkten Wahlverfahren würden dagegen die Instinkte der Massen zum Ausdruck kommen.

Das Motiv hinter diesen Argumenten war deutlich zu erkennen: Sowohl die Regierung als auch die liberale Kammermehrheit fürchteten, dass bei Einführung des direkten Wahlverfahrens die Opposition im Landtag anwachsen würde – 1868 hatte man in Baden bei den Wahlen zum Zollparlament, zu dem sich der Reichstag in Berlin um süddeutsche Abgeordnete erweiterte, wenn zollpolitische Beschlüsse zu fassen waren, erstmals das direkte Wahlverfahren mit einem für die Liberalen ungünstigen Ergebnis angewandt. Umgekehrt war dies für die Katholische Volkspartei der Grund, sich für eine weitergehende Wahlrechtsänderung einzusetzen. Die liberale Mehrheit im Landtag zu brechen, schien für sie unmöglich, solange man an dem Wahlmännersystem festhielt. Deshalb zählte die Einführung des direkten Wahlverfahrens zu den Hauptprogrammpunkten bei der Parteigründung im Frühjahr 1869: Dadurch gewann die badische Katholische Volkspartei ein besonderes demokratisches Profil, das den katholischen Parteien in den übrigen deutschen Staaten fehlte.

Die Beschränkung der Wahlrechtsreform auf die Erweiterung des Kreises der Wahlberechtigten und die Einführung der geheimen Wahl war bereits im Vorfeld der Landtagssession von 1869/70 absehbar, nachdem die Mehrheit der Liberalen schon in den Beratungen der Vorjahre deutlich gemacht hatte, dass sie an dem indirekten Wahlverfahren festhalten wollte. Die Katholische Volkspartei versuchte deshalb, eine umfassende Wahlrechtsreform mit außerparlamentarischen Mitteln zu fördern, und inszenierte im Frühjahr 1869 eine Petitionsbewegung, die auch von den preußenfeindlichen Linken unterstützt wurde. Ihre Protagonisten hatten inzwischen eine Wahlreformliga gegründet, die sich 1869 ebenfalls für die Einführung des direkten Wahlrechts einsetzte und Unterschriften für Adressen an den Großherzog sammelte. Der Wahlreformliga und der Katholischen Volkspartei gelang es, Adressen aus mehr als 700 badischen Gemeinden auf den Weg zu bringen, aber weder Großherzog Friedrich noch seine Regierung ließen sich dadurch von ihrer Ablehnung des direkten Wahlverfahrens abbringen.

Wie sich die Nationalliberalen in der Frage des direkten Wahlverfahrens verhalten würden, war eine Zeit lang unklar. Einige ehemalige Mitglieder der Fortschrittspartei versuchten am Jahreswechsel 1868/69, die Partei zu einem Oppositionskurs gegen die Regierung zu bewegen und die Forderung nach Einführung des direkten Wahlverfahrens im Parteiprogramm festzuschreiben. Die Parteilinken, bei deren Bemühungen um einen politischen Kurswechsel auch Enttäuschung darüber mitspielte, dass niemand aus ihren Reihen bei der Regierungsumbildung nach Mathys Tod berücksichtigt worden war, konnten sich jedoch nicht durchsetzen, so dass der Landtag die Beibehaltung des indirekten Wahlverfahrens mit großer Mehrheit billigte.

Von der politischen Tagesordnung verschwand das Thema damit nicht, wobei die Gegner des direkten Wahlverfahrens in den Folgejahren immer mehr in die Defensive gerieten – schließlich durften die Badener seit 1871 als Reichstagswähler regelmäßig direkt wählen; warum ihnen dieses Recht bei den Landtagswahlen verwehrt blieb, wurde im Laufe der Jahre immer schwieriger zu erklären.

Weitere Verfassungsreformen

Die Verfassungsreformen erschöpften sich nicht in den Wahlrechtsänderungen; auch andere Gesetze verdienen noch erwähnt zu werden: So wurde 1869 auch das bisherige System der Teilerneuerung des Landtags modifiziert: Während bislang die Mandatsdauer der Abgeordneten acht Jahre betrug und alle zwei Jahre ein Viertel von ihnen in Neuwahlen ersetzt wurde, verkürzte man die Mandatsdauer nun auf vier Jahre. An dem Prinzip der Partialerneuerung hielt man fest: Fortan wurde nach zwei Jahren die Hälfte der Abgeordneten neu gewählt. Das Problem der Wahlkreiseinteilung stand 1869/70 ebenfalls auf der Tagesordnung des Landtags. Dabei setzten sich vor allem die Vertreter der katholischen Opposition mit Nachdruck für eine einschneidende Änderung ein, weil die bestehende Wahlkreiseinteilung nicht dem Kopfzahlprinzip folgte, sondern systematisch die Städte gegenüber den Landgemeinden und die evangelischen gegenüber den katholischen Landesteilen begünstigte. Der Forderung nach Schaffung annähernd gleich großer Wahlkreise widersetzten sich allerdings sowohl die Regierung als auch die Liberalen, die somit ein weiteres plausibles Reformprojekt scheitern ließen, weil es sich zu ihren Ungunsten auszuwirken drohte.

Durchaus im Interesse der Liberalen war dagegen die Stärkung der Stellung des Landtags gegenüber der Regierung durch die Einführung des Gesetzesinitiativrechts der beiden Kammern, das ebenfalls in der Landtagssession 1869/70 neu in die Verfassung aufgenommen wurde. Der Landtag sollte in dem politischen System nicht länger das defensive Element sein, dessen Hauptaufgabe es war, Eingriffe in das Eigentum und die Freiheitsrechte der Staatsbürger abzuwehren; er erhielt statt dessen nun die Möglichkeit, sich stärker zu entfalten. Ebenfalls von starkem Symbolwert war eine weitere Verfassungsänderung, die in den Reichsgründungsjahren ein Problem löste, das den badischen Landtag schon seit fast einem halben Jahrhundert beschäftigt hatte: die nähere Regelung der Ministerverantwortlichkeit. Diese war zwar in der Verfassungsurkunde von 1818 festgeschrieben worden, aber wirkungslos geblieben, weil entsprechende Ausführungsbestimmungen nicht zustande kamen, die definierten, wegen welcher Vergehen Minister angeklagt werden konnten und welches Gericht zuständig sein sollte. Diese Lücke wurde durch ein Gesetz aus dem Jahr 1868 geschlossen: Die Zweite Kammer erhielt das Recht, die Minister und Mitglieder der obersten Staatsbehörden wegen Verletzung der Verfassung oder schwerer Gefährdung der Sicherheit oder Wohlfahrt des Staates anzuklagen. Das Urteil in solchen Verfahren sollte ein Staatsgerichtshof fällen, der aus den Mitgliedern der Ersten Kammer des Landtags sowie neun Richtern der höchsten Gerichte des Großherzogtums gebildet werden sollte. Praktisch angewendet wurde dieses Gesetz in den folgenden Jahren und Jahrzehnten nie – dass die Liberalen so große Energien darauf verwendeten, es zustande zu bringen, erklärt sich vor allem dadurch, dass man hier eine Forderung aus den Verfassungskämpfen des Vormärz einlösen wollte.

Mehr als symbolische Bedeutung hatte ein weiteres Verfassungsreformvorhaben der 1860er Jahre, das nicht zum Abschluss gebracht werden konnte: die Frage einer Reorganisation der Ersten Kammer des Landtags, die die Machtverteilung im politischen System in ähnlicher Weise direkt betraf wie die Reform des Wahlrechts für die Zweite Kammer. Die 1818 festgelegte und seitdem nicht veränderte Zusammensetzung der Ersten Kammer bot in den 1860er Jahren in zweierlei Hinsicht Anlass zur Kritik: Zum einen bestand schon seit geraumer Zeit das Problem, dass die Arbeitsfähigkeit der Ersten Kammer häufig beeinträchtigt war. Die adeligen Mitglieder der Kammer, insbesondere die Standesherren, fehlten oft bei den Sitzungen, so dass die parlamentarische Arbeit überwiegend von den vom Großherzog ernannten Mitgliedern geleistet werden musste; gelegentlich war sogar die Beschlussfähigkeit gefährdet, weil die Sitzungen so schlecht besucht waren. Hier sollte nach dem Willen der Ersten Kammer selbst Abhilfe geschaffen werden, indem man den erblichen Mitgliedern ein Stellvertretungsrecht einräumen wollte. Zum anderen wurde von liberaler Seite grundsätzliche Kritik an der Zusammensetzung der Ersten Kammer erhoben, die als nicht mehr zeitgemäß erschien.

Am Anfang des 19. Jahrhunderts, so argumentierte man, habe der Adel noch eine herausragende soziale und wirtschaftliche Stellung innegehabt, wodurch es gerechtfertigt gewesen sei, ihn zum dominierenden Faktor in der Ersten Kammer zu machen. Inzwischen aber habe der Adel an Bedeutung verloren, und dem müsse auch die Zusammensetzung der Ersten Kammer Rechnung tragen. In der Frage, wie genau sie verändert werden müsse, gab es unterschiedliche Lösungsvorschläge: Allgemein favorisierte man die Aufnahme von Vertretern der großen Kommunen, aber auch wirtschaftlicher Interessenverbände.

Nennenswerte Fortschritte konnten in der Frage der Reorganisation der Ersten Kammer in der zweiten Hälfte der 1860er Jahre nicht erzielt werden, obwohl sich der Landtag mehrfach mit diesem Thema beschäftigte. Die Regierung sah sich außer Stande, einen entsprechenden Gesetzentwurf vorzulegen, da die Interessen der beiden Kammern so weit auseinander lagen, dass eine Einigung unmöglich schien. Während die Erste Kammer die Stellung der Adelsvertreter stärken wollte mit der Gewährung des Stellvertretungsrechts für die Standesherren, beabsichtigte die Zweite Kammer genau das Gegenteil: eine Schwächung der Adelsvertreter durch die Aufnahme neuer Mitglieder. Diese Diskussionen verdienen trotz ihrer Ergebnislosigkeit Erwähnung, weil das Thema der Reorganisation der Ersten Kammer schon bald nach der Reichsgründung wieder auf die politische Tagesordnung kam: in der Landtagssession 1873/74, als die Katholische Volkspartei einen erneuten Vorstoß zur Einführung des direkten Wahlverfahrens bei den Landtagswahlen unternahm. Die Liberalen wagten es dieses Mal – anders als 1869 – nicht, sich kategorisch gegen eine weitere Wahlrechtsreform auszusprechen; schließlich war Baden ja inzwischen Teil des Deutschen Reiches, dessen Reichstag nach eben jenem Wahlrecht gewählt wurde, das die Katholische Volkspartei auch für die Landtagswahlen einführen wollte. Einen Ausweg, um die leidige Wahlrechtsfrage wenn auch nicht aus der Welt zu schaffen, so doch für längere

Zeit zu vertagen, fanden die Liberalen nun darin, dass sie selbst die Forderung erhoben, das Problem im Zuge einer weit ausgreifenden Modernisierung der Verfassung zu lösen, die vor allem auch die Reorganisation der Ersten Kammer umfassen sollte. Da dies ein äußerst schwieriges Unterfangen zu werden versprach, konnte man hoffen, auch die Wahlrechtsfrage auf die lange Bank zu schieben.

Die badische Kirchenpolitik seit der Mitte der 1860er Jahre

Die Frage der Modernisierung der Verfassungsordnung war nicht das einzige Erbe der 1860er Jahre, das den Landtag nach der Reichsgründung noch über Jahrzehnte hinweg beschäftigte; Gleiches galt für die Kirchenpolitik. Nachdem sich 1864/65 in der Reaktion auf das Schulaufsichtsgesetz starker Protest in der katholischen Bevölkerung erhoben hatte, wollte die badische Regierung zunächst auf weitere Maßnahmen verzichten und Ruhe einkehren lassen. Diese Strategie wurde jedoch vom linken Flügel der liberalen Partei missbilligt – er forderte 1865 eine konsequente Fortsetzung der kirchenpolitischen Gesetzgebung, von der er sich eine dauerhafte Ausschaltung der katholischen Opposition versprach. Nach dem Krieg von 1866 sah sich die Regierung genötigt, den Linksliberalen in dieser Frage entgegenzukommen. Es wurde hier die gleiche Konstellation wirksam, die schon in Zusammenhang mit den Verfassungsreformgesetzen zu konstatieren war: Um die Unterstützung der Liberalen für die kostenintensive und unpopuläre Politik des Anschlusses an Preußen zu erhalten, schienen Gegenleistungen unverzichtbar, und zu diesen Gegenleistungen gehörten auch weitere Maßnahmen gegen die katholische Kirche. Dies bedeutete allerdings nicht, dass die Regierung widerwillig handelte, denn vor allem Jolly gelangte

– zunächst als Innenminister, dann als Regierungschef – zu der
Auffassung, dass der Einfluss der katholischen Kirche auf das
öffentliche Leben weiter eingeschränkt werden müsse, um die
politische Lage zu stabilisieren. Auch dies stand in Zusammenhang mit der Nationalpolitik; schließlich hatte die katholische
Opposition in Baden während des preußisch-österreichischen
Krieges und auch in der Folgezeit ganz deutlich gemacht, dass
sie eine preußische Führungsrolle in Deutschland ablehnte. Indem er nun den Kulturkampf aufnahm, meinte Jolly zugleich die
Voraussetzungen für die Politik eines Anschlusses an Preußen zu
verbessern.

Den Auftakt machte als Vorgriff auf eine spätere gesetzliche
Regelung im April 1867 eine Verordnung über die allgemeine
wissenschaftliche Vorbildung der Geistlichen. Jolly griff damit
ein Problem auf, das seit dem Inkrafttreten der Kirchengesetze
vom Oktober 1860 bestand. Damals hatte der Staat Aufsichtsrechte in der Ausbildung der Theologen beansprucht, ohne dass
jedoch geklärt worden war, wie diese Aufsicht ausgeübt werden
sollte. Dies holte die Verordnung von 1867 nach, in der festgelegt
wurde, dass die jungen Theologen vor einer staatlichen Kommission Kenntnisse in verschiedenen Bereichen nachweisen mussten: in der Geschichte der Philosophie, der deutschen Literatur
und vor allem in der neueren deutschen Geschichte. Um diese
Kenntnisse zu erwerben, mussten Theologiestudenten entsprechende Lehrveranstaltungen besuchen. Es ging also darum, den
Priesternachwuchs mit der liberalen Weltanschauung zu konfron-
tieren in der Hoffnung, dass er zumindest manches davon aufnehmen möge. Auf katholischer Seite wurde diese Verordnung
als unzulässige Einmischung des Staates in die inneren Angelegenheiten der Kirche betrachtet; der Freiburger Erzbischof legte
Rechtsverwahrung ein und verbot allen Geistlichen und Kandidaten für das Priesteramt, diese bald als »Kulturexamen« bekannt
gewordene staatliche Prüfung abzulegen. Die Folgen dieses Ver-

bots waren gravierend, denn fortan konnten junge Theologen nicht mehr in kirchliche Ämter gelangen.

Im September 1867, kurz nach der Verordnung über das Kulturexamen, legte die Regierung dem Landtag den Entwurf eines Volksschulgesetzes vor, das auf Seiten der katholischen Kirche ebenfalls Proteste hervorrief. Die wichtigste Neuerung, die in der von Kammern schnell gebilligten Vorlage vorgesehen war, war die Einführung der so genannten fakultativen Simultanschule: das heißt, die bisher katholischen oder evangelischen Volksschulen blieben Konfessionsschulen, konnten aber fortan relativ leicht in Gemeinschaftsschulen beider Konfessionen umgewandelt werden – wenn eine ausreichend starke konfessionelle Minderheit in einer Gemeinde dies wünschte.

Schwerer noch als diese Reform, deren unmittelbare Auswirkungen gering blieben und die erst in Zukunft die Stellung der katholischen Kirche in den Schulen zu beeinträchtigen drohte, wog das Stiftungsgesetz, das vom Landtag zwei Jahre später, in der Session 1869/70, verabschiedet wurde. Es regelte das alte Problem der Verwaltung des kirchlichen Stiftungsvermögens ganz im Sinne des Staates. Nachdem in den Kirchengesetzen von 1860 noch die bisherige Praxis der gemeinsamen Verwaltung durch Staat und Kirche bestätigt worden war, wurden nun alle kirchlichen Bildungs- und Wohltätigkeitseinrichtungen in weltliche Stiftungen umgewandelt, die von staatlichen oder kommunalen Behörden verwaltet wurden; nur die religiösen Stiftungen blieben in kirchlicher Verwaltung. Das Stiftungsgesetz bedeutete indes noch nicht das Ende der kirchenpolitischen Kontroversen.

Die Entwicklung der Parteien im Zeichen des Kulturkampfs

Die badische Innenpolitik stand in den ersten beiden Jahrzehnten nach der Reichsgründung ganz im Zeichen der Kontroversen um die kirchenpolitische Gesetzgebung. In diesem sogenannten Kulturkampf befanden sich die katholische Kirche und die Katholische Volkspartei als ihre parlamentarische Interessenvertretung in einer schlechten Ausgangssituation; schließlich war 1870/71 das geschehen, was die katholische Opposition im Großherzogtum in den vergangenen Jahren zu verhindern versucht hatte: der Anschluss Badens an Preußen und die Gründung eines kleindeutschen Reiches, in dem die Katholiken eine Minderheit stellten. In Baden, wo zwei Drittel der Bevölkerung katholisch waren, hätte man im Konflikt mit den Liberalen auf Dauer gesehen vielleicht bestehen können, im Deutschen Reich mit dem Übergewicht des protestantischen Nordens aber wohl nicht, so stand zu befürchten. Dieses Bedrohungsgefühl verstärkte sich noch, als Anfang der 1870er Jahre auch in Preußen der Kulturkampf begann. Ein zusätzliches Manko für die katholische Opposition in Baden bestand darin, dass das Amt des Freiburger Erzbischofs seit dem Tode Hermann von Vicaris im Frühjahr 1868 unbesetzt war. Das Domkapitel hatte zwar eine Kandidatenliste aufgestellt, die aber von der badischen Regierung abgelehnt worden war, die ihr Einspruchsrecht geltend machte, um einen politisch genehmen Erzbischof zu erhalten. Da man sich auf keinen Kandidaten einigen konnte, blieb der Freiburger Erzbischofsstuhl für mehr als ein Dutzend Jahre vakant. Die Kirchenleitung übernahm in dieser Zeit als Erzbistumsverweser Lothar von Kübel, ein Vertreter des unnachgiebigen Flügels des Katholizismus.

Die Fortsetzung des Kulturkampfs begann in der Landtagssession 1873/74 mit zwei neuen Vorstößen der Regierung und
der liberalen Landtagsmehrheit: Zum einen wurde das Kulturexamen nun gesetzlich geregelt, zum anderen wurde, maßgeblich
auf Drängen der liberalen Kammerfraktion, das sogenannte Alt-
katholikengesetz verabschiedet – bei den Altkatholiken handelte
es sich um eine Protestbewegung gegen den Antimodernismus
innerhalb der katholische Kirche, die bei den badischen Liberalen auf starke Sympathien stieß.

> Die Rechtsstellung der Altkatholiken wurde gesetzlich fixiert:
> Sie erhielten zwar nicht den Status öffentlich-rechtlicher Kör-
> perschaften und wurden weiterhin als Teil der katholischen
> Kirche betrachtet; wenn sie an einem Ort jedoch über genü-
> gend Mitglieder verfügten, konnten sie Gemeinden bilden, die
> Anspruch auf die Benutzung zum Beispiel der Kirchengebäude
> hatten.

Die Freiburger Kirchenleitung und die Katholische Volkspartei
erhoben gegen die neuen Gesetze energischen Protest, woraufhin im liberalen Lager eine Kontroverse darüber ausbrach, wie
man weiter vorgehen solle. Die Mehrheit der liberalen Kammerfraktion drängte auf weitergehende Maßnahmen, während Großherzog Friedrich den Weg zu einem Ausgleich mit der katholischen Kirche nicht durch neue Gesetze verbauen wollte.

Der leitende Minister Jolly geriet dadurch in eine schwierige
Situation: Er hielt neue Maßnahmen für überflüssig, gab aber
dem Druck der Zweiten Kammer nach und brachte in der Landtagssession 1875/76 ein Gesetz zur Einführung obligatorischer
Simultanschulen ein – die gemischt konfessionelle Schule wurde
damit zur Regelschule in Baden. Jolly gelang es dadurch zwar, die
Liberalen zu besänftigen, aber sein Verhältnis zum Großherzog

wurde so sehr belastet, dass er nach Landtagsschluss im September 1876 sein Entlassungsgesuch einreichte.

Zum Nachfolger Jollys als Regierungschef berief Friedrich mit dem bisherigen Handelsminister Ludwig Turban einen Kompromisskandidaten, der zwar seit Mitte der 1860er Jahre als Liberaler der Zweiten Kammer angehörte, sich aber in den jüngsten kirchenpolitischen Kontroversen nicht exponiert hatte. Einen schnellen Umschwung in der Kirchenpolitik bedeutete der Regierungswechsel von 1876 jedoch nicht. Turban machte vielmehr deutlich, dass er nicht die Absicht habe, von der bisherigen Politik grundlegend abzuweichen. Er bemühte sich zunächst auch darum, ein gutes Verhältnis zur liberalen Partei herzustellen, die sich in dieser Situation versöhnlich zeigte und dem neuen Ministerium einen Vertrauensvorschuss gewährte, wenngleich vor allem bei den Parteilinken eine gewisse Unzufriedenheit darüber vorherrschte, dass niemand aus ihren Reihen mit der Regierungsleitung beauftragt worden war. Wie 1869 gelang es ihnen allerdings auch dieses Mal nicht, die Mehrheit der Partei auf ihre Seite zu ziehen und zu einer konsequenten Oppositionshaltung zu bewegen.

Die Nationalliberale Partei

Da die neue Regierung und die Liberalen sich verpflichtet fühlten, zunächst einmal Rücksicht aufeinander zu nehmen, geschah auf dem Hauptproblemfeld der badischen Innenpolitik, der Kirchengesetzgebung, für einige Jahre nichts mehr. Erst Anfang der 1880er Jahre kam wieder Bewegung in die Kirchenpolitik, als sich die politischen Kräfteverhältnisse im Großherzogtum merklich zu verschieben begannen. Bis dahin hatte die Nationalliberale Partei – so nannten sich die badischen Liberalen seit der Reichsgründung in Anlehnung an ihre Schwesterpartei in Preu-

ßen – eine große Mehrheit in der Zweiten Kammer: Im Reichs-
gründungsjahr zählte ihre Fraktion 51 Mitglieder, und 1877 stellten sie immer noch 48 der insgesamt 63 Abgeordneten. Diese
Dominanz ist wohl vor allem darauf zurückzuführen, dass die
Nationalliberalen von der nationalen Hochstimmung profitier-
ten, die sich während des deutsch-französischen Krieges auch in
Baden ausgebreitet hatte. Das nationalpolitische Programm, das
die badischen Liberalen seit 1860 vertreten hatten, war mit dem
Eintritt des Großherzogtums in das Deutsche Reich erfüllt worden; sie konnten sich gewissermaßen als Sieger der Geschichte
fühlen und traten in den Wahlkämpfen entsprechend auf.

Dass diese Erfolgsgeschichte ein jähes Ende nahm, lag weniger
an den landespolitischen Entwicklungen, sondern an den Auswirkungen der Reichspolitik auf die badischen Verhältnisse: Bismarck hatte sich im Reichstag bis 1878 auf die Nationalliberalen
gestützt und mit ihnen durch eine Reihe von Reformgesetzen die
innere Reichsgründung vorangetrieben. Mit dem Übergang zu
einer Schutzzollpolitik und vor allem durch das Ausnahmegesetz
gegen die Sozialdemokratie wandte er sich von den Nationalliberalen ab, in der Hoffnung, in Zukunft bei der Mehrheitsbildung
im Reichstag nicht mehr auf sie angewiesen zu sein. Es gelang
Bismarck, die Nationalliberalen in die Enge zu treiben, sie zu
schwächen und sie schließlich gefügig zu machen, indem sie programmatisch weiter nach rechts rückten.

Die badische Politik wurde von diesen Entwicklungen unmittelbar berührt, da sich die Nationalliberalen im Großherzogtum
seit 1871 als die Partei verstanden hatten, die immer treu zu Kaiser und Reich – und dies hieß auch treu zu Bismarck – stehen
wollte. In dem Moment, in dem sich Bismarck von den Nationalliberalen abwandte, drohte auch dieser Kernpunkt des ohnehin nur rudimentären politischen Programms der badischen Nationalliberalen verloren zu gehen. In welche Schwierigkeiten sie
durch Bismarcks Kurswechsel gerieten, zeigten schon die Reichs-

tagswahlen 1878, bei denen die Nationalliberalen drei ihrer elf Mandate in den badischen Wahlkreisen verloren. Die Landtagswahlen im folgenden Jahr, im Herbst 1879, bestätigten diesen Trend noch: Gegenüber den Wahlen von 1877 verloren die Nationalliberalen sechs Mandate, wodurch der Nimbus ihrer ungefährdeten landespolitischen Dominanz erstmals ins Wanken geriet.

Noch schlimmer kam es zwei Jahre später, als sowohl Reichstags- als auch Landtagswahlen abgehalten wurden. Bei den Reichstagswahlen 1881 verloren die badischen Nationalliberalen ein weiteres Mandat und konnten nur noch die Hälfte der Wahlkreise im Großherzogtum behaupten. Ein Debakel war der Ausgang der Landtagswahlen, die zu einer Verkleinerung der nationalliberalen Fraktion von 42 auf 31 Abgeordnete führten – statt der Zweidrittelmehrheit, die sie bis dahin besessen hatten, stellten die Nationalliberalen nun also nicht einmal mehr die Hälfte der Abgeordneten. Allerdings gelang es den badischen Nationalliberalen rasch, die Talfahrt zu beenden und verlorenes Terrain zurückzuerobern: Bei den drei Landtagswahlen von 1883, 1885 und 1887 setzten sie sich jeweils klar gegen die Opposition durch; zunächst eroberten sie die absolute Mehrheit in der Zweiten Kammer zurück, dann die Zweidrittelmehrheit, und 1887 verfügten sie sogar wieder über mehr als drei Viertel der Mandate. Für diesen Wiederaufstieg gab es verschiedene Gründe: Zum einen hatte Großherzog Friedrich im Landtagwahlkampf 1883 in ganz ungewöhnlicher Weise zu Gunsten der Nationalliberalen interveniert und in einem Erlass an die Amtsvorstände deutlich gemacht, dass an einen Systemwechsel der Regierung nicht zu denken sei, dass er also den liberalen politischen Kurs fortsetzen wolle. Der zweite wichtige Faktor, der zu einer Konsolidierung der Nationalliberalen beitrug, war die programmatische Neuorientierung, die sie in den Jahren zwischen 1881 und 1884 vollzogen; es war dies kein innerbadisches Phänomen, sondern ein Kennzeichen des Gesamtliberalismus in Deutschland, der durch Bismarcks Wende von 1878 genötigt wurde, sich neu zu formieren. Die Nationalliberalen rückten Anfang der 1880er Jahre deutlich nach rechts – sie akzeptierten sowohl das Sozialistengesetz als auch die Schutzzölle, um ihren Status als Regierungspartei aufrechtzuerhalten.

Die Katholische Volkspartei

Der dritte und wohl wichtigste Faktor für die schnelle Erholung der badischen Nationalliberalen war jedoch die Schwäche ihres politischen Hauptkontrahenten, der Katholischen Volkspartei. In den ersten Jahren nach der Reichsgründung agierte die Katholische Volkspartei in der badischen Landespolitik ganz aus der Defensive heraus: In der Landtagssession 1871/72 übte ihre auf neun Mitglieder angewachsene Fraktion Zurückhaltung und versuchte zu demonstrieren, dass die Katholiken die jüngsten nationalpolitischen Umwälzungen tatsächlich akzeptiert hatten; als die Regierung und die Nationalliberalen 1873/74 aber den Kulturkampf wieder aufnahmen, verhärteten sich die Fronten und die katholischen Oppositionellen versuchten in der Zweiten Kammer Widerstand zu leisten, der allerdings erfolglos blieb. Eine außerparlamentarische Protestbewegung, wie sie 1864/65 in der Reaktion auf das Schulaufsichtsgesetz entstanden war, blieb in der ersten Hälfte der 1870er Jahre aus, obwohl die jüngsten Kulturkampfmaßnahmen in den einzelnen Gemeinden deutlich zu spüren waren: Wegen des Kulturexamens fehlte der Nachwuchs, und bereits mehrere Pfarrämter konnten nicht mehr besetzt werden; junge Theologen, die ohne Staatsexamen in der Seelsorge tätig geworden waren, mussten Geldstrafen zahlen oder sogar Haftstrafen ableisten; und in den Gemeinden, in denen es Anhänger des Altkatholizismus gab, kam es zu Kontroversen um die Nutzung von Gebäuden und die Verfügung über die Finanzen.

Trotz der offensichtlichen kirchenpolitischen Missstände gelang es der Katholischen Volkspartei nicht, ihre Wählerschaft deutlich zu erweitern. Bei den Landtagswahlen 1873 gewann sie ein Mandat hinzu, 1875 drei, und 1877, nachdem der Kulturkampf in Baden seinen Höhepunkt erreicht hatte, verlor sie sogar wieder eines. Bei den Reichstagswahlen 1873 und 1875 stagnierte die Katholische Volkspartei bei den zwei Mandaten, die sie schon 1871 innegehabt hatte.

Programmatisch entwickelte sich die Katholische Volkspartei zunächst kaum weiter. In den Wahlkämpfen stellte sie ganz die Kirchenpolitik in den Vordergrund und wollte den nationalliberalen Bemühungen um eine Entchristlichung des öffentlichen Lebens entschiedenen Widerstand leisten. Dass die Kirche in Gefahr sei, war ihre Hauptparole, daneben pflegte sie aber auch ihr demokratisches Profil, indem sie immer wieder eine weitere Wahlrechtsreform forderte. Ein neuer Schwerpunkt kam erst Ende der 1870er Jahre hinzu, als sich die Katholische Volkspartei als Interessenvertreterin der wirtschaftlich bedrängten Bevölkerungsschichten präsentierte. Sie wurde zur Partei des Mittelstands, der von den Auswirkungen der allgemeinen wirtschaftlichen Depression, die dem kurzen Boom der Reichsgründungsjahre folgte, besonders betroffen war, und sie wurde zur Partei der Agrarinteressen. Dies war ein äußerst wirkungsvolles Image, denn der rasante Aufschwung, den die Katholische Volkspartei in der Landespolitik seit 1879 nahm, ist vor allem dadurch zu erklären, dass sie von der verbreiteten wirtschaftlichen Unzufriedenheit profitierte. Bei den Landtagswahlen 1879 gewann sie drei Mandate hinzu und 1881 sogar acht. Den Spitzenwert von 23 Mandaten konnte die Katholische Volkspartei nicht behaupten, im Gegenteil begann schon zwei Jahre später, 1883, ein Abwärtstrend: 1887 war sie wieder auf neun Mandate zurückgefallen, also auf den Wert des Reichsgründungsjahres. Anders als bei dem Niedergang der Nationalliberalen, bei dem externe Faktoren – das heißt: die reichspolitischen Entwicklungen – eine wichtige Rolle spielten, war die Krise der Katholischen Volkspartei hausgemacht, denn sie rieb sich in langwierigen Flügelkämpfen auf, die sie an den Rand der Parteispaltung brachten.

Der Anlass dieser Streitigkeiten war die taktische Frage, auf welchem Weg man zu einer Revision der jüngsten kirchenpolitischen Gesetze kommen könne: Sollte man eine konsequente Oppositionshaltung einnehmen oder einen moderateren Kurs verfolgen im Vertrauen auf die Bereitschaft der Regierung, den Kulturkampf allmählich zu beenden und zu einer einvernehmlichen Lösung mit der katholischen Kirche zu gelangen? In der Fraktion setzten sich zunächst die Befürworter einer intransigenten Haltung durch, obwohl sich der Großherzog und seine Regierung seit Ende der 1870er Jahre darum bemühten, vor allem den Streit um das Kulturexamen beizulegen. Es kam zu Verhandlungen zwischen der Regierung und der Freiburger Kirchenleitung, die am Jahresanfang 1880 tatsächlich einen Kompromiss möglich machten, der auch von den beiden Kammern des Landtags gebilligt wurde: Als Nachweis der wissenschaftlichen Vorbildung der Geistlichen genügte fortan der Besuch mehrerer Vorlesungen aus dem Bereich der Philosophischen Fakultät – der Staat hielt an dem Prinzip fest, dass eine rein theologische Ausbildung nicht ausreichend sei, milderte die Anforderungen aber insofern ganz erheblich, als die allgemeinen wissenschaftlichen Kenntnisse nun nicht mehr Gegenstand eines Staatsexamens sein sollten. Einer der Hauptstreitpunkte im Kulturkampf war damit beseitigt, und es bestand auf beiden Seiten die Hoffnung, dass sich auch weitere Konflikte ausräumen ließen. Diese Hoffnungen wurden vor allem durch das Ende der Freiburger Sedisvakanz genährt: 1881 nämlich starb der Erzbistumsverweser Kübel, mit dem eine weitere Annäherung zwischen Regierung und Kirchenleitung wohl nicht möglich gewesen wäre. Anders als nach dem Tode Vicaris 1868 kam dieses Mal eine Erzbischofswahl zustande, weil sich Domkapitel und Regierung auf einen Kandidaten einigen konnten, auf den 76-jährigen Johann Baptist Orbin, der zwar nicht der Wunschkandidat der Regierung gewesen war, der aber als wesentlich moderater galt als der verstorbene Erzbistumsverweser.

Orbin gab sich als neuer Erzbischof auch tatsächlich versöhnlich, verzichtete auf lautstarke Forderungen nach Revision der Kirchengesetze, die er für zunächst aussichtslos hielt, und versuchte statt dessen, von der Regierung eine schonende Auslegung der Gesetze zu erreichen. Für die Katholische Volkspartei war dies insofern misslich, als sie sich gerade erst programmatisch auf einen scharfen Konfliktkurs festgelegt hatte. Um das Vorgehen des Erzbischofs mit der Politik der Katholischen Volkspartei abzustimmen, wandte sich die Freiburger Kirchenleitung im Sommer 1883 an den Fraktionsführer Franz Xaver Lender und überzeugte ihn davon, dass es in Anbetracht der merklichen Verbesserung des Verhältnisses zur Regierung schädlich wäre, mit aussichtslosen Initiativen zur Revision der Kirchengesetze erneute Konflikte mit den Nationalliberalen im Landtag zu provozieren. Daraufhin brachte Lender die Fraktion in der Landtagssession 1883/84 dazu, Zurückhaltung zu üben, allerdings gegen den Widerstand des radikalen antinationalliberalen Flügels der Partei, dessen prominentester Vertreter der Zähringer Pfarrer Theodor Wacker war. Im Landtagwahlkampf 1885 brachen die Meinungsverschiedenheiten in der Katholischen Volkspartei dann offen auf.

In der Landtagssession 1885/86 zerfiel die nach einer deutlichen Wahlniederlage von 19 auf 14 Mitglieder verkleinerte Fraktion der Katholischen Volkspartei in zwei Lager: die gemäßigte Mehrheit um den Partei- und Fraktionsführer Lender und eine radikale Minderheit um Wacker. Mit dem Ende der Landtagsses-

sion ebbte auch der Konflikt zwischen den Flügeln
der Partei ab; eine Entscheidung wurde auch
deshalb vertagt, weil inzwischen Erzbischof
Orbin gestorben war und beide Gruppen abwarten wollten, welchen kirchenpolitischen
Kurs sein Nachfolger einschlagen würde.

Franz Xaver Lender
(1830–1913)

Die Wahl kam dieses Mal schnell zustande und fiel auf den bisherigen Limburger
Bischof Johann Christian Roos, der ebenfalls
ein kirchenpolitisch nicht festgelegter Kompro-
misskandidat war. Roos gelang es 1887, in Verhandlungen die Regierung zur Rücknahme einiger weiterer
Kulturkampfmaßnahmen zu bewegen – Regierungschef Turban
und Wilhelm Nokk, der seit 1881 das gemeinsame Justiz- und
Kultusministerium leitete, zeigten sich vor allem unter dem Eindruck der Beendigung des Kulturkampfs in Preußen zu Zuge-
ständnissen bereit. Der ausgehandelte Kompromiss umfasste
drei Punkte: Zum einen sollten die Konvikte, also die Internate
für katholische Theologiestudenten, die im Zuge der Schulge-
setzgebung verboten worden waren, wieder eingeführt werden;
zum anderen sollten die Strafmaßnahmen gemildert werden, die
bei Verletzung der Kulturkampfgesetze vorgesehen waren; und
schließlich sollte Angehörigen von Orden, die in Baden nicht
zugelassen waren, im Einzelfall die Aushilfstätigkeit in der Seelsorge erlaubt werden. Mehr glaubte die Regierung mit Rücksicht auf die Nationalliberalen, die inzwischen wieder eine klare
Mehrheit in der Zweiten Kammer hatten, nicht konzedieren zu
können. In der Tat erwiesen sich die Landtagsberatungen über
den zwischen Kirchenleitung und Regierung erzielten Kompromiss als schwierig. Die Nationalliberalen billigten schließlich die
Wiedereinführung der Konvikte und die Strafmilderungen; die
Zulassung von Ordensgeistlichen in der Aushilfsseelsorge lehnten sie dagegen ab.

An diesem zweiten Schritt zum Abbau der Kulturkampfgesetz-
gebung hatte die Katholische Volkspartei keinen Anteil: Sie war
weder zu den Verhandlungen zwischen der Freiburger Kirchenleitung und der Regierung hinzugezogen worden, noch hatte
sie maßgeblichen Einfluss auf die Ergebnisse der Landtagsberatungen nehmen können, da ihre Fraktion inzwischen auf neun
Mitglieder zusammengeschmolzen war. Dies war die Folge des
erbitterten Konflikts der beiden Parteiflügel, die im Wahlkampf
1887 eher gegeneinander als gegen die Nationalliberalen gefoch-
ten hatten – dabei hatten die Radikalen einen Pyrrhussieg errun-
gen, indem sie die Wiederwahl des Parteivorsitzenden Lender
verhinderten.

Der Anstoß für den Wiederaufbau der Parteiorganisation,
die nach den mehrjährigen Flügelkämpfen völlig darnieder lag,
kam von außen: im September 1888 auf der Generalversamm-
lung der Katholiken Deutschlands, die in Freiburg stattfand und
von zahlreichen prominenten katholischen Politikern besucht
wurde. Der Führer der Zentrumsfraktion im Reichstag, Ludwig
Windthorst, einer der wichtigsten Gegenspieler Bismarcks in Berlin, ermunterte Wacker, den Neuaufbau in die Wege zu leiten.
Dies geschah im Oktober 1888 auf einer Versammlung in Freiburg, die sechs Grundsatzresolutionen verabschiedete und die
Umbenennung der Katholischen Volkspartei in Zentrumspartei
beschloss – man wollte damit zum Ausdruck bringen, dass man
auch programmatisch mit der Schwesterpartei im Reich und in
Preußen übereinstimmte, wo der Kulturkampf gerade beendet
worden war, weil – so meinte man – dort die Zentrumspartei
unnachgiebig geblieben sei. Diese Unnachgiebigkeit wurde nun
auch der wichtigste Programmpunkt bei der Neuorganisation:
Wenn man die Freiheit für die katholische Kirche erobern wolle,
müsse man zunächst der Überflutung des Staatslebens durch den
Nationalliberalismus ein Ende machen, und dies sei nur durch
eine konsequente Opposition möglich.

Der Kampf um die Modernisierung der Verfassung

Der Versuch der badischen Zentrumspartei, die Vorherrschaft der Nationalliberalen in der Zweiten Kammer zu brechen, konnte nur mit Aussicht auf Erfolg in Angriff genommen werden durch eine Zusammenarbeit mit den kleineren Parteien, die sich seit den 1880er Jahren in der Landespolitik etablierten und das für Baden typische Zweiparteiensystem allmählich auflockerten. Die Grundlage für diese Zusammenarbeit war der gemeinsame Kampf für die Einführung des direkten Wahlverfahrens – die Demokratisierung des Landtagswahlrechts wurde nämlich von allen Oppositionsparteien gefordert. Um diese Forderung durchzusetzen, stellten sie ihre zum Teil gravierenden Meinungsverschiedenheiten in anderen Fragen zurück und kooperierten bei den Landtagswahlen der 1890er Jahre in denjenigen Wahlkreisen eng miteinander, in denen die Aussicht bestand, den Nationalliberalen Niederlagen beizufügen.

Die Demokraten

Die älteste der kleineren Parteien bildeten die Demokraten, die am Vorabend der Reichsgründung zu den Gegnern des badischen Anschlusses an Preußen gezählt und organisatorischen Rückhalt in der Deutschen Volkspartei gefunden hatten, in der sich württembergische Demokraten mit einigen Gesinnungsgenossen aus Norddeutschland zusammengeschlossen hatten. In der Reichspolitik stellte die Deutsche Volkspartei nur ein Randphänomen dar: In den 1871 und 1874 gewählten Reichstagen war

sie nur mit einem Abgeordneten vertreten; nach 1878 stellte sie
immerhin mehr als ein halbes Dutzend Reichstagsabgeordnete.
Etwas stärker als auf Reichsebene waren die radikalen bürgerlichen Linken, die sich nach 1871 vor allem für eine freiheitliche
Ausgestaltung der Reichsverfassung einsetzten, in Baden; allerdings verfügten sie auch hier nur über eine schwache Organisation und waren bei den Landtagswahlen zunächst nur in Mannheim erfolgreich: Die drei Landtagsmandate der größten Stadt
des Großherzogtums waren bis Mitte der 1880er Jahre fest in
der Hand der Demokraten. Einen gewissen Aufschwung erreichten sie seit der reichspolitischen Wende von 1878, weil der von
Bismarck erzwungene Rechtsruck der Nationalliberalen ihnen
größere Handlungsspielräume eröffnete, die sie allerdings mit
einem neuen politischen Kontrahenten auf der landespolitischen
Bühne teilen mussten: mit der Deutschen Freisinnigen Partei, in
der die linksliberalen Abweichler vom Nationalliberalismus eine
neue politische Heimat fanden. Die wenigen Hochburgen der
Freisinnigen lagen in Südbaden, wo die Demokraten gar nicht
vertreten gewesen waren. Zu einer dauerhaften Stärkung der bürgerlichen Linken in Baden führte der Rechtsruck der Nationalliberalen nicht: In der zweiten Hälfte der 1880er Jahre verloren
die Demokraten sogar die Mannheimer Landtagsmandate – sie
wurden dort zwischen den Nationalliberalen und den Sozialdemokraten zerrieben. Durch die Wahlunterstützung des Zentrums
konnte sich die bürgerliche Linke jedoch auch in den 1890er
Jahren behaupten: von 1891 bis 1903 stellte sie zwischen vier und
acht Landtagsabgeordnete. An der strukturellen Schwäche der
beiden Parteien, die seit 1890 im Landtag in einer Fraktionsge-
meinschaft verbunden waren, änderte sich allerdings nichts. Sie
verfügten nur über eine rudimentäre Parteiorganisation, waren in
den meisten Landesteilen gar nicht vertreten und mussten sich
auf einige Hochburgen konzentrieren.

Die Konservativen

Einen noch schwereren Stand als die Demokraten hatten die Konservativen in der badischen Landespolitik. Sie waren in der Zweiten Kammer des Landtags zwischen 1871 und 1877 gar nicht vertreten, konnten während der Krise der Nationalliberalen Partei an der Wende zu den 1880er Jahren einmal drei Mandate erobern, stagnierten aber in den folgenden 20 Jahren bei ein oder zwei Mandaten. In mehr als drei Viertel der Landtagswahlkreise kam es noch nicht einmal zu konservativen Kandidaturen, und lediglich in einem halben Dutzend Wahlkreisen hatten sie überhaupt Siegchancen – in den agrarisch geprägten Landesteilen mit einem hohen evangelischen Bevölkerungsanteil. Diese Schwäche hatte zwei Ursachen: Zum einen war der von den Konservativen üblicherweise beanspruchte Platz in Regierungsnähe durch die Nationalliberalen besetzt; zum anderen konnte sich auch ein weiteres Charakteristikum des Konservativismus in Baden nicht entfalten, nämlich der Widerstand gegen Modernisierungs- und Säkularisierungstendenzen, da sich der politische Katholizismus im Großherzogtum nicht nur im Kulturkampf, sondern auch in wirtschaftspolitischen Fragen als Verteidiger des status quo gegen liberale Neuerungen etablierte.

Die innere Entwicklung der Konservativen Partei in den 1880er Jahren verlief ähnlich wie die Entwicklung der Katholischen Volkspartei in dieser Zeit: Es wurde darüber gestritten, wie man sich der liberalen Regierung und vor allem der nationalliberalen Landtagsmehrheit gegenüber verhalten solle. Dem gemäßigten Flügel, der Unterstützung durch einige Adelsvertreter in der Ersten Kammer fand und der eher die Gemeinsamkeiten mit den Nationalliberalen unterstrich, stand eine Gruppe konsequenter Oppositioneller gegenüber, die zum Beispiel Wahlabsprachen mit den Nationalliberalen ablehnten und für eine engere Kooperation mit der katholischen Opposition plädierten. In den

Richtungskämpfen setzten sich die Radikalen durch: Ihr Führer war Emil von Stockhorn, dem es allerdings mit seiner Strategie der starken Distanz zum Nationalliberalismus auch nicht gelang, die strukturelle Schwäche des badischen Konservativismus zu beseitigen – so scheiterte zum Beispiel der Versuch, konservative Bauernvereine zu gründen, um der Partei zu einer breiteren Basis zu verhelfen.

Programmatisch orientierten sich die badischen Konservativen Anfang der 1890er Jahre neu, indem sie sich stärker als bisher antisemitischen Einflüssen öffneten – dies korrespondierte mit der Entwicklung der Deutschkonservativen Partei auf Reichsebene. Anspruch auf Originalität konnten die badischen Konservativen mit dieser judenfeindlichen Wende jedoch nicht erheben, denn zur gleichen Zeit breitete sich auch die antisemitische deutsch-soziale Bewegung im Großherzogtum aus, die auf Reichsebene schon seit den 1880er Jahren aktiv war.

Für die Konservativen stellten die deutsch-sozialen Antisemiten eine direkte Konkurrenz dar, denn sie erzielten ihre größten Mobilisierungserfolge gerade in den Regionen, in denen auch die Konservativen stark waren: in den ländlichen Wahlkreisen mit hohem evangelischen Bevölkerungsanteil. Hier konnten sie um die Jahrhundertwende sogar zwei Landtagsmandate gewinnen – sehr zum Missfallen Großherzog Friedrichs und seiner Regierung, die antisemitische Veranstaltungen polizeilich überwachen ließ.

Die Sozialdemokratische Partei

Als gefährlichste Partei galten der Regierung in den 1890er Jahren jedoch nicht die deutsch-sozialen Antisemiten, sondern die Sozialdemokraten, die erstmals 1891, also ein Jahr nach dem Ende des Sozialistengesetzes, in den Landtag einzogen. Die Sozialdemokraten hatten in Baden erst vergleichsweise spät Fuß fassen können. Dies lag vor allem daran, dass das Großherzogtum nicht zu den stark industrialisierten Regionen des Deutschen Reiches zählte und überdies eine katholische Bevölkerungsmehrheit hatte. Die lokalen Hochburgen der badischen Sozialdemokratie waren Karlsruhe, Pforzheim und vor allem Mannheim – hier hatten sie schon in den 1880er Jahren bei den Reichstagswahlen gute Ergebnisse erzielen können. Der Einzug einer kleinen sozialdemokratischen Fraktion in den Landtag brachte in den 1890er Jahren frischen Wind in das parlamentarische Leben: Zunächst wurden die sozialdemokratischen Abgeordneten als Kuriosum betrachtet, weil sie zum Beispiel beim Hoch auf den Großherzog anlässlich der Landtagseröffnung den Sitzungssaal verließen – dies war eine der typischen Gesten, mit der Sozialdemokraten vor dem Ersten Weltkrieg ihre grundsätzliche Gegnerschaft zur bestehenden politischen Ordnung demonstrierten. Schon bald aber wurden sie in Baden zu einer ernstzunehmenden politischen Kraft, weil die Nationalliberalen ihre Mehrheit in der Zweiten Kammer verloren; das heißt, bei Abstimmungen kam der kleinen sozialdemokratischen Fraktion mitunter eine wichtige Rolle zu. Hierauf war diese allerdings nicht gut vorbereitet. Man hatte es versäumt, sich darüber zu verständigen, wie die Grundsätze, die bei der programmatischen Neuorientierung der SPD nach dem Ende des Sozialistengesetzes auf dem Erfurter Parteitag von 1891 festgelegt worden waren, auf die besonderen Verhältnisse der badischen Landespolitik angewendet werden sollten.

Der Einzug in die Parlamente – und dies bedeutete bis dahin

in erster Linie in den Reichstag – wurde von den Sozialdemokraten als Chance zur politischen Agitation gesehen. Dies mochte im Reichstag in Berlin angemessen sein; im badischen Landtag waren solche Demonstrationsgesten jedoch problematisch, da zumeist nicht politische Prinzipienfragen auf der Tagesordnung standen, sondern Themen, die zur praktischen Mitarbeit einluden.

Dass die Erfordernisse der praktischen Mitarbeit nicht immer problemlos mit den Prinzipien der Partei in Einklang gebracht werden konnten, zeigte sich in der Folgezeit mehrfach: Die inneren Probleme der badischen Landesorganisation zählten fast regelmäßig zu den Tagesordnungspunkten sozialdemokratischer Parteitage, wobei die Gesamtpartei nicht davor zurückscheute, den badischen Genossen mehrfach scharfe Rügen zu erteilen: wegen eines 1897 bei den Landtagswahlen abgeschlossenen formellen Wahlbündnisses mit dem Zentrum und den Demokraten in Karlsruhe, das einem grundsätzlichen Kooperationsverbot mit den bürgerlichen Parteien widersprach; oder auch weil die badische Landtagsfraktion am Ende der Landtagssession 1899/1900 das Budget bewilligte – dies war nicht mit dem sozialdemokratischen Prinzip vereinbar, dass man den Fortbestand des politischen Unrechtssystems nicht unterstützen dürfe, indem man die zu seinem Unterhalt nötigen Finanzmittel bereitstellte. Von der Gesamtpartei wurde die Politik der partiellen Kooperation mehrfach scharf kritisiert, aber auch in der badische Parteiorganisation gab es heftige Widerstände gegen die Reformisten – dies war der Name, der den Gemäßigten zuteil wurde, die sich mehr für die parlamentarische Kleinarbeit interessierten als für das revolutionäre Pathos. Trotz der harten innerparteilichen Kontroversen konnten die Sozialdemokraten sich in den 1890er Jahren in der Landespolitik etablieren: 1899 stellten sie mit sieben Mandaten in der Zweiten Kammer die drittstärkste Fraktion hinter den Nationalliberalen und dem Zentrum.

Wahlbündnispolitik

Wie die bürgerliche Linke und die Konservativen verdankten auch die Sozialdemokraten einen Teil ihrer Mandatsgewinne Wahlabsprachen mit der Zentrumspartei – dies war eine im Deutschland in dieser Zeit sehr ungewöhnliche Konstellation, da üblicherweise ein tiefer Graben die Sozialdemokraten von allen anderen Parteien trennte. Dass diese bemerkenswerte Kooperation in Baden zustande kam, erklärt sich vor allem durch die unnachgiebige Haltung der Nationalliberalen in der Wahlrechtsfrage – sie war den anderen Parteien ein so großes Ärgernis, dass die andernorts üblichen Konfliktlinien überdeckt wurden: Bürgerliche Linke, die den Religionsunterricht in den Schulen abschaffen wollten, unterstützten Kandidaten des Zentrums, die Katholiken unterstützten sozialdemokratische Kandidaten, obwohl sie Religion zur Privatsache erklärt hatten, und in einem Fall optierten sogar sozialdemokratische Wahlmänner für einen antisemitischen Kandidaten, nur weil er ein Anhänger der Wahlrechtsreform war.

Populär war diese Wahlbündnispolitik bei keiner der beteiligten Parteien, der Erfolg allerdings gab ihr Recht. Die Nationalliberalen wurden in der Zweiten Kammer des Landtags in den 1890er Jahren von den Oppositionsparteien stark zurückgedrängt: 1891 fielen sie von 47 auf 32 Mandate, zwei Jahre später verloren sie die absolute Mehrheit und bei den vier folgenden Wahlen konnten sie nur noch zwischen 23 und 25 Mandaten behaupten.

Die Nationalliberale Partei und die Wahlrechtsfrage

In der Wahlrechtsfrage eine Kurskorrektur vorzunehmen, fiel den Nationalliberalen schwer, weil sie fürchteten, unter dem direkten Wahlverfahren noch schlechtere Ergebnisse zu erzielen;

außerdem standen bis Mitte der 1890er Jahre noch die Männer an der Spitze der Partei, die sie schon Ende der 1860er Jahre geführt und die Position in der Wahlrechtsfrage formuliert hatten: Karl Eckhard, Friedrich Kiefer und der ehemalige Minister August Lamey, der noch als fast 80-jähriger der Zweiten Kammer angehörte. Erst mit dem Verlust der absoluten Mehrheit 1893 gaben die Nationalliberalen ihren Widerstand gegen die Einführung des direkten Wahlverfahrens allmählich auf; allerdings schränkten sie ihre grundsätzliche Bereitschaft zu einer Wahlrechtsreform durch verschiedene Bedingungen ein, die in den folgenden Landtagssessionen mehrfach wechselten: 1893/94 forderten sie als flankierende Maßnahme zum direkten Wahlverfahren die Abschaffung der Mehrheitswahl zu Gunsten des Proportionalwahlsystems, von dem man sich ein besseres Abschneiden versprach. Zwei Jahre später, in der Landtagssession 1895/96, präsentierten sie dann ein anderes Modell, nämlich die Einführung des direkten Wahlverfahrens bei gleichzeitiger Veränderung der Zusammensetzung der Zweiten Kammer: Zukünftig sollten ihr neben den direkt vom Volk gewählten Abgeordneten auch 15 Mitglieder angehören, die von den Gemeindevertretungen der größeren Städte gewählt werden sollten. Von den ständigen Auseinandersetzungen zermürbt und in Anerkennung der Tatsache, dass auch das indirekte Wahlverfahren die landespolitische Talfahrt seit den Landtagswahlen von 1889 nicht hatte verhindern können, beschlossen die Nationalliberalen erst am Jahresende 1900, in den nächsten Landtagswahlkampf mit der Forderung zu gehen, das direkte Wahlverfahren bedingungslos einzuführen.

Der Streit über die Wahlrechtsreform 1901/02

Mit dem späten Einlenken der Nationalliberalen veränderten sich die Fronten in der Auseinandersetzung um die Wahlreform.

Zwar gab es unter den Parteien weiterhin Dissens im Detail, etwa in den Fragen, nach welchen Kriterien zukünftig die Wahlkreise eingeteilt werden sollten oder ob nicht doch das Proportionalwahlsystem eingeführt werden solle, die hauptsächlichen Differenzen bestanden fortan jedoch zwischen der geschlossen reformbereiten Zweiten Kammer auf der einen und der Regierung und der Mehrheit der Ersten Kammer auf der anderen Seite, die von der Notwendigkeit der Einführung des direkten Wahlverfahrens nicht überzeugt waren.

An der Spitze der badischen Regierung stand seit 1893 Wilhelm Nokk, der schon seit 1881 das gemeinsame Justiz- und Kultusministerium geleitet hatte. Wie sein Vorgänger Turban war auch Nokk ein ehemaliger nationalliberaler Parteimann, der sich allerdings schon vor Beginn seiner Tätigkeit als Minister von der Landtagsfraktion entfernt hatte. Gleiches gilt für August Eisenlohr, der seit 1890 das Amt des Innenministers bekleidete. Beide, sowohl der Regierungschef als auch der Innenminister, waren Gegner der Demokratisierung des Landtagswahlrechts und machten dies auch gegenüber der Zweiten Kammer deutlich, als diese seit der Mitte der 1890er Jahre mehrere Beschlüsse zugunsten der Einführung des direkten Wahlverfahrens fasste.

Die Regierung spielte zunächst auf Zeit, kündigte aber in Reaktion auf die wiederholten Wünsche des Landtags 1898 die Vorlage eines Gesetzentwurfes für das folgende Jahr an. Innenminister Eisenlohr machte allerdings einen Rückzieher und präsentierte keine Wahlrechtsvorlage, sondern nur eine Denkschrift, in der die Regierung einen vermeintlichen Kompromissvorschlag präsentierte, von dem jedoch kaum zu erwarten war, dass er bei der inzwischen oppositionellen Mehrheit der Zweiten Kammer Zustimmung finden würde. Eisenlohr brachte nämlich erneut

Arthur von Brauer (1845–1926)

das von den Nationalliberalen ins Gespräch gebrachte Modell einer gemischt zusammengesetzten Zweiten Kammer vor. Sie sollte künftig aus 50 direkt gewählt Mitgliedern und 25 Vertretern der großen Städte bestehen; außerdem schlug Eisenlohr eine personelle Verstärkung der Ersten Kammer vor, in die er zusätzliche Vertreter von Industrie und Handel aufnehmen wollte. Von der Mehrheit der Zweiten Kammer wurde die Denkschrift mit scharfer Kritik bedacht, und als sich im Herbst 1900 abzeichnete, dass auch die Nationalliberale Partei ihr Programm ändern und sich für die bedingungslose Einführung des direkten Wahlverfahrens aussprechen würde, bat Eisenlohr um seine Entlassung, da er sich der für die nächste Landtagssession zu erwartenden Konfrontation gesundheitlich nicht gewachsen fühle. Ein gutes halbes Jahr später, im Juni 1901, trat auch der fast 70-jährige Wilhelm Nokk, der ebenfalls ein entschiedener Gegner des direkten Wahlverfahrens war, als Regierungschef zurück, so dass durch ein Personalrevirement in den Schlüsselpositionen der Weg für die Wahlrechtsreform frei wurde. Nachfolger Nokks wurde der ehemalige Diplomat und gemäßigte Konservative Arthur von Brauer – er war seit 40 Jahren der erste badische Regierungschef, der nicht aus den Reihen der liberalen Partei stammte.

Die Zweite Kammer übte in der Landtagssession 1901/02 in der Frage der Wahlreform Druck auf die neue Regierung aus, indem sie entsprechende Gesetzesanträge ausarbeitete; nachdem sich die Nationalliberalen entschlossen hatten, nicht länger Widerstand zu leisten, gelang recht schnell eine Einigung mit breiter Mehrheit. Dabei unterbreitete sie neben der Einführung des direkten Wahlverfahrens für die Zweite auch Vorschläge für eine Reorganisation der Ersten Kammer, die zukünftig um zwei Oberbürgermeister der größeren Städte sowie sechs Abgeordnete der wirtschaftlichen Interessenverbände verstärkt werden sollte: drei Vertreter der Handelskammern, zwei der landwirtschaftlichen Interessenvertretungen und einen der Handwerkskammern.

Der Abschluss der Verfassungsreform

Weil die Regierung sich vom Landtag die genauen Modalitäten der Verfassungsreform nicht diktieren lassen wollte, schloss sie den Landtag, bevor die Erste Kammer sich mit den Beschlüssen der Zweiten befassen konnte. Zu der nächsten Session 1903/04 legte die Regierung eigene Entwürfe vor, die für die Zweite Kammer die Wahlrechtsreform und eine neue Wahlkreiseinteilung vorsahen und für die Erste Kammer eine veränderte Zusammensetzung und die Erweiterung ihrer Kompetenzen. Als problematisch erwiesen sich in den Landtagsberatungen vor allem diese beiden letzten Punkte: Den Vorstellungen der Regierung zufolge sollten nämlich nicht nur zusätzliche Mitglieder in die Erste Kammer aufgenommen werden, sondern außerdem die Standesherren und die Kirchenvertreter mit Stellvertretungsrechten ausgestattet werden – dies war schon mehr als 30 Jahre zuvor auf den Widerstand der Zweiten Kammer gestoßen, da man den Einfluss des Adels durch die Gewährung von Stellvertretungsrechten nicht stärken wollte. Nicht minder problematisch war die von der Regierung geplante Kompetenzerweiterung der Ersten Kammer, die künftig auch bei allen Finanzgesetzen mit der Zweiten Kammer gleichgestellt werden sollte – in diesem Punkt hatte die Verfassung von 1818 der Zweiten Kammer einen Vorrang eingeräumt, weil sie als die Vertretung der Steuerzahler angesehen wurde.

In der Zweiten Kammer stießen die Regierungsvorlagen auf Kritik und wurden mit breiter Mehrheit abgeändert: das Stellvertretungsrecht der Standesherren und der kirchlichen Würdenträger wurde gestrichen und die Zusammensetzung der Ersten Kammer modifiziert; außerdem beharrte man auf dem Fortbestand der bisherigen Verfassungsregelungen in Finanzfragen. Die Erste Kammer dagegen billigte die Regierungsvorlagen weitgehend. Nach der ersten Lesung schien die Verfassungsreform also zu scheitern. Staatsminister Brauer, der schwere politische Konflikte fürchtete für den Fall, dass die Einführung des direkten Wahlverfahrens weiter ausbleiben würde, gelang es jedoch in letzter Minute, eine Einigung herbeizuführen: Die Erste Kammer verzichtete auf die umstrittenen Stellvertretungsrechte, und die Zweite konzedierte eine Kompetenzerweiterung der Ersten Kammer bei der Finanzgesetzgebung. Der Weg für die Verabschiedung des gesamten Verfassungsreformpakets war damit frei: Ab 1905 sollte die Zweite Kammer 73 Abgeordnete zählen, also zehn mehr als bisher, die nach dem direkten Wahlverfahren alle vier Jahre gewählt werden sollten. Die neue Wahlkreiseinteilung behielt die seit 1818 bekannte Trennung von städtischen und Ämterwahlkreisen bei und privilegierte weiterhin die Städte, allerdings ohne dass es fortan ein so eklatantes Gefälle der Einwohnerzahlen gab wie in der Vergangenheit.

Die Erhöhung der Mitgliederzahl der Zweiten Kammer war für nötig erachtet worden, weil auch die Zusammensetzung der Ersten Kammer verändert wurde: Ihr gehörten seit 1905 elf zusätzliche Mitglieder an: ein Vertreter der Technischen Hochschule Karlsruhe, die mit den Universitäten Freiburg und Heidelberg gleichgestellt wurde, sechs Abgeordnete der Berufskörperschaften und vier Vertreter der Städte und Kreisausschüsse.

Die Großblockpolitik

In der badischen Politik stellte die Verfassungsreform von 1904 eine wichtige Zäsur dar, weil sich das Verhältnis der Parteien zueinander grundlegend änderte. Das antinationalliberale Bündnis von Konservativen, Zentrum, Freisinnigen, Demokraten und Sozialdemokraten, das nur durch die gemeinsame Forderung nach Einführung des direkten Wahlverfahrens zusammengehalten worden war, zerfiel, es positionierten sich die Parteien neu, und andere politische Themen gewannen wieder an Bedeutung.

Wie sehr sich die innenpolitische Konstellation änderte, zeigte sich schon unmittelbar nach dem Abschluss der Verfassungsreform, als sich die Parteien auf die erste Landtagswahl vorbereiteten, die nach dem neuen Wahlverfahren im Herbst 1905 stattfand. In den Reihen der Nationalliberalen gab es starke Befürchtungen, dass die Zentrumspartei wesentlich besser abschneiden würde als bei den beiden letzten Wahlen, bei denen sie jeweils 23 der 63 Mandate gewonnen hatte; besonders düstere Prognosen gingen sogar davon aus, dass Zentrum und Konservative die Mehrheit der zukünftig 73 Mandate der Zweiten Kammer gewinnen könnten. Um dies zu verhindern, schlossen die Nationalliberalen schon im Dezember 1904 ein formelles Abkommen mit den Demokraten und den Freisinnigen für die kommenden Wahlen, das sogenannte Kleinblockabkommen, in dem sich die drei Parteien gegenseitige Unterstützung versprachen. Diese Unterstützung sollte nicht erst bei eventuellen Stichwahlen wirksam werden, sondern schon in der Hauptwahl, wobei die Bedingungen für die beiden kleinen Parteien überaus günstig waren.

Die Landtagswahlen 1905

Im Wahlkampf 1905 traten die Demokraten und die Freisinnigen zusammen mit den Nationalliberalen in scharfe Frontstellung gegen die Zentrumspartei, mit der sie noch vor kurzem bei den Landtagswahlen kooperiert hatten. Die Sozialdemokraten reagierten auf die Veränderungen des badischen Parteiensystems, indem sie sich nach beiden Seiten abgrenzten. Die Zentrumspartei konzentrierte sich im Wahlkampf hauptsächlich auf die Gegnerschaft zu den Nationalliberalen und schonte die Sozialdemokraten weitgehend; sie agierte also ähnlich wie bei den Wahlen der Vorjahre.

Das Ergebnis der Hauptwahl Mitte Oktober 1905 bestätigte die Befürchtungen des liberalen Lagers, denn das Zentrum erwies sich eindeutig als die stärkste Partei und erhielt etwas mehr als 42 Prozent der Stimmen. Auf den Kleinblock entfielen knapp 36 Prozent und auf die Sozialdemokraten 17 Prozent. Die Konservativen blieben auch unter dem neuen Wahlverfahren schwach und erreichten nicht einmal drei Prozent der Stimmen. In 50 der 73 Wahlkreise fiel die Entscheidung schon im ersten Wahlgang. Bei den Mandatsgewinnen schnitt die Zentrumspartei noch besser ab als bei den Stimmenzahlen: Sie brachte 28 Kandidaten durch und musste somit bei den Stichwahlen nur noch neun Wahlkreise gewinnen, um die absolute Mehrheit in der Zweiten Kammer zu erobern. Die Nationalliberalen siegten bei der Hauptwahl nur in 14 Wahlkreisen, und auch die Demokraten mit zwei Mandatsgewinnen und die Freisinnigen, die ganz leer ausgingen, konnten die Bilanz des Kleinblocks nicht erheblich verbessern. Anlass zur Unzufriedenheit gab es ebenfalls bei den Sozialdemokraten, die in der Hauptwahl nur fünf Kandidaten durchbrachten und damit hinter dem Ergebnis der Landtagswahl von 1903 lagen, obwohl gerade sie sich von der Wahlrechtsreform eine erhebliche Stärkung versprochen hatten.

Die Bildung des Großblocks

Zu welchen Ergebnissen die Stichwahlen in den 25 Wahlkreisen, in denen kein Kandidat die absolute Mehrheit erzielen konnte, führen würden, ließ sich an den Stimmenzahlen der Hauptwahl leicht ablesen: Vier Wahlkreise schienen der Zentrumspartei so gut wie sicher, da sie dort mehr als 45 Prozent der Stimmen erhalten hatte, und in weiteren vier Wahlkreisen hatte sie nur knapp unter 40 Prozent gelegen. Da zudem in der Stichwahl die relative Mehrheit der Stimmen ausreichte, musste damit gerechnet werden, dass die Zentrumspartei in Zukunft in der Zweiten Kammer in ähnlicher Weise dominieren würde, wie dies die Nationalliberalen zwischen 1867 und 1890 getan hatten. Einen radikalen politischen Kurswechsel musste dies noch nicht bedeuten, da die liberale Regierung sich zumindest für eine gewisse Zeit auf die Erste Kammer würde stützen können; aber erhebliche landespolitische Unruhen wären doch für diesen Fall vorgezeichnet gewesen, da kein Zweifel daran bestehen konnte, dass die Zentrumspartei ihre Machtposition zur Revision der Kirchen- und Schulgesetze einsetze würde. In dieser Situation kam es zur Gründung des Großblocks, die weit über die Grenzen des Großherzogtums hinaus die politische Öffentlichkeit erregte, da mit den Gepflogenheiten, die sich im Parteienspektrum in Deutschland seit 1871 entwickelt hatten, in spektakulärer Weise gebrochen wurde: Die Nationalliberalen suchten bei den Stichwahlen die Kooperation mit den Sozialdemokraten, um die drohende absolute Mehrheit des Zentrums in der Zweiten Kammer zu verhindern. Zwar waren die Sozialdemokraten in Baden keine allseits geächtete Partei mehr; aber es machte doch einen erheblichen Unterschied, ob sie vom Zentrum, der zweiten großen Außenseiterpartei im Kaiserreich, und den Demokraten unterstützt wurden, oder von den Nationalliberalen, die in Baden Regierungspartei waren. Dass die Partei der Reichseinheit in Baden mit den vermeintlich vaterlandslosen Gesellen paktierte, war ein in der deutschen Geschichte vor 1914 einzigartiges Vorkommnis.

Die Frage, warum die Nationalliberalen in Baden zur Kooperation mit den Sozialdemokraten bereit waren, während ihre Parteifreunde im Reichstag und in den anderen deutschen Staaten in scharfer Gegnerschaft zur SPD blieben, ist nicht einfach zu beantworten. Der Hauptfaktor dürfte das besonders ausgeprägte Streben nach politischem Machterhalt gewesen sein: Seit mehreren Jahrzehnten hatten die Nationalliberalen im badischen Landtag immer die stärkste Fraktion gestellt; Regierungspartei zu sein, war der zentrale Punkt in ihrem Parteiprogramm. Um diesen Status zu erhalten, war fast jedes Mittel recht, also auch die Kooperation mit den Sozialdemokraten. Ein weiterer wichtiger Grund für das Zustandekommen des Großblocks war der besondere Charakter der badischen Sozialdemokraten, für die das revolutionäre Pathos keine so große Rolle spielte wie für ihre Gesinnungsgenossen in den übrigen deutschen Staaten, und gerade weil der reformistische Flügel in der badischen SPD stark war, kamen sie für die Nationalliberalen überhaupt erst als Bündnispartner bei den Wahlen in Betracht. Auf beiden Seiten konnte die Bildung des Großblocks nur gegen Widerstände durchgesetzt werden. Dies gilt besonders für die Nationalliberalen: Der Parteivorsitzende, der Heidelberger Oberbürgermeister Karl Wilckens, war ein Gegner des Großblocks, und der Vorsitzende der Reichstagsfraktion, Ernst Bassermann, reiste sogar eigens von Berlin an, um seine Parteifreunde von der Wahlabsprache mit den Sozialdemokraten abzuhalten. Es setzten sich jedoch die Befürworter des Großblocks durch, die von dem Karlsruher Rechtsanwalt und Landtagsabgeordneten Gustav Binz angeführt wurden, der 1906 auch die Führung der Fraktion in der Zweiten Kammer übernahm – Wilckens trat nach der Wahl von 1905, bei der er sich mit seiner Strategie nicht hatte durchsetzen können, von seinen Ämtern zurück.

Der Rücktritt des Parteivorsitzenden war auch insofern konsequent, als der von ihm bekämpfte Großblock bei den Stichwahlen im Dezember 1905 überaus erfolgreich war. Wie die Demokraten, die Freisinnigen und die Nationalliberalen bei der Hauptwahl, so verständigten sich die drei Parteien bei den Stichwahlen mit der SPD darüber, wer wen in welchen Wahlkreisen unterstützen solle: In fünf Wahlkreisen wurden die sozialdemokratischen Kandidaturen vom Kleinblock unterstützt, und in zwölf Wahlkreisen, in denen sie selbst keine Siegchancen hatte, trat die SPD für die Liberalen ein. Weitere sechs Wahlkreise, in denen bei der Hauptwahl sowohl die Sozialdemokraten als auch der Kleinblock gut abgeschnitten hatten, wurden von dem Wahlabkommen ausgenommen; hier führte man scharfen Wahlkampf gegeneinander.

Die Stichwahlen wurden für alle Parteien des Großblocks zu einem Erfolg auf ganzer Linie: Von den 23 noch zu vergebenden Mandaten konnte die Zentrumspartei keines erobern; immerhin aber konnten die Konservativen mit Zentrumsunterstützung noch drei Mandate hinzugewinnen. Die übrigen 20 entfielen auf die Großblockparteien: eines an den Freisinn, drei an die Demokraten, sieben an die SPD und neun an die Nationalliberalen, die, wenn man die Stimmenanteile der Hauptwahl zugrunde legt, nur einen vergleichsweise kleinen Teil der Ernte einfahren konnten. Darüber konnte man sich mit der Niederlage des Zentrums hinwegtrösten. In mittelfristiger Perspektive gab es für die Nationalliberalen allerdings wenig Anlass zur Freude: Gegenüber dem Landtag von 1903 hatte sich die Fraktion um zwei Mitglieder verkleinert, obwohl die Zahl der Mandate insgesamt von 63 auf 73 gestiegen war; auch stellten sie nun nicht mehr die stärkste Fraktion, sondern lagen um fünf Mandate hinter der Zentrumspartei zurück.

Welche Rolle die badische Regierung bei der Bildung des Großblocks spielte, ist nicht ganz klar – sie wurde zu diesem Zeitpunkt von dem ehemaligen nationalliberalen Abgeordneten Alexander von Dusch geleitet, der Arthur von Brauer als Staatsminister nachgefolgt war, nachdem dieser den Abschluss der Verfassungsreform zum Anlass genommen hatte, in den Ruhestand zu treten. Quellen, die Kontakte zwischen den nationalliberalen Parteiführern und Dusch oder dem Innenminister Schenkel in den Tagen vor der Stichwahl von 1905 belegen, gibt es zwar nicht; es ist aber kaum vorstellbar, dass sich die Nationalliberalen zu einem so weitreichenden Schritt entschlossen hätten, ohne sich vorher über die Haltung der Regierung informiert zu haben. Dass die Regierung die Bildung des Großblocks zumindest stillschweigend geduldet hat, belegt ein kurz nach der Hauptwahl veröffentlichter Artikel in der offiziösen »Karlsruher Zeitung«, der sich unter dem Eindruck des Wahlergebnisses in etwas nebulösen Worten für politische Kompromisse aussprach, die bisher als ausgeschlossen gegolten hätten. Als die Stichwahlen vorüber waren und das offensichtlich auch der Regierung erwünschte Resultat gebracht hatten – nämlich die Verhinderung einer Zentrumsmehrheit –, bezog die Regierung gegen den Großblock Stellung. Sie tat dies nicht zuletzt auf Drängen Großherzog Friedrichs, der mit dieser spektakulären Wendung der Parteiverhältnisse in Baden höchst unzufrieden war. Eine Stärkung der SPD erschien ihm als noch gefährlicher als eine Stärkung des Zentrums, und deshalb drängte er auch Dusch, in einer öffentlichen Stellungnahme der Regierung der Auffassung entgegenzutreten, dass das Ergebnis der Stichwahlen den Wünschen der Regierung entspreche. Dusch kam dieser Aufforderung des Großherzogs nach und ließ tatsächlich eine entsprechende Stellungnahme veröffentlichen: nicht nur, um seinem Monarchen zu Gefallen zu sein, sondern auch um das Gesicht der Regierung zu wahren, die sich nicht in so eklatanter Weise von den allgemeinen reichspolitischen Trends abkoppeln konnte. In der Folgezeit war es vor allem Innenminister Karl Schenkel, der die SPD in der Öffentlichkeit mehrfach scharf angriff und damit signalisierte, dass auch die badische Regierung noch fest im antisozialistischen Lager stehe. Mit Schenkels Rücktritt im Frühjahr 1907 wurden die Angriffe der Regierung gegen die SPD seltener.

Schwierigkeiten in der Zusammenarbeit von SPD und Nationalliberalen

Der Großblock war ein reines Wahlbündnis, und sein Zweck war deshalb mit dem Ende der Stichwahlen erfüllt. An eine engere Zusammenarbeit oder gar an die Bildung einer liberal-sozialdemokratischen Koalition war nicht gedacht worden, wenngleich es - mit Blick auf die nächsten Wahlen und eine mögliche Wiederholung des Wahlbündnisses - nahe lag, eine dauerhafte Verbesserung der Beziehungen zwischen den beiden Lagern durch partielle Kooperation im Landtag in die Wege zu leiten. Zu einer solchen Kooperation kam es auch zu Beginn der Landtagssession, als entgegen den parlamentarischen Usancen kein Mitglied der stärksten Fraktion, also des Zentrums, zum Präsidenten der Zweiten Kammer gewählt wurde, sondern ein Nationalliberaler. Erster Vizepräsident der Zweiten Kammer wurde dann ein Zentrumsmann, Zweiter Vizepräsident der Sozialdemokrat Adolf Geck - auch dies war ein Novum in der deutschen Parlamentsgeschichte. Wie problematisch die partielle Kooperation zwischen Liberalen und Sozialdemokraten sein konnte, lässt sich anhand der Amtsführung Gecks demonstrieren, der schon bald einen Eklat provozierte: Im Herbst 1907 weigerte er sich, beim Tode Großherzog Friedrichs I. an einer Beileidsbekundung des Kammerpräsidiums teilzunehmen.

Geck begründete dies mit seinen Zweifeln, ob das Kammerprä-

sidium nach Ende der Landtagssession überhaupt noch bestehe.
In Wirklichkeit wollte sich Geck
aber nur nicht dem Vorwurf der
sogenannten Hofgängerei aussetzen – als solche bezeichneten
die Sozialdemokraten diejenigen
Hulderweisungen an die Monarchen, die nichts mit der eigent-
lichen parlamentarischen Arbeit
zu tun hatten. Indem die SPD
diese Dinge konsequent ablehnte,
demonstrierte sie ihre grundsätzliche Gegnerschaft zur bestehen-

Großherzog Friedrich I.
(1826–1907)

den politischen Ordnung. Dass Geck an solchen demonstrativen
Akten auch als Zweiter Vizepräsident der Kammer festhielt – und
dies auch noch beim Tode des Monarchen –, wurde weithin als
skandalös empfunden. Sein Affront trübte das Verhältnis der
Sozialdemokraten zu den Nationalliberalen, die unter ihrem von
1907 bis 1910 amtierenden Parteivorsitzenden Rudolf Obkircher
wieder stärker auf Distanz zur SPD gingen.

Die Landtagsneuwahl im Oktober 1909 nötigte die Nationalliberalen dazu, bei den Stichwahlen erneut den Schulterschluss mit
der SPD zu suchen. Was die Stimmenanteile betraf, waren die
Nationalliberalen bei der Hauptwahl auf den dritten Platz hinter
der Zentrumspartei und der SPD zurückgefallen, die auf 28 Prozent stieg. Das Zentrum verlor zwar einen erheblichen Teil seiner Wähler an die SPD, konnte aber mit konservativer Unterstützung schon in der Hauptwahl 23 Mandate gewinnen, so dass
die Nationalliberalen keine andere Möglichkeit sahen, als die

ungeliebte Strategie von 1905 zu wiederholen. Das Ergebnis der Stichwahlen war erneut ein Sieg der Großblockparteien, wobei sich das Kräfteverhältnis deutlich zugunsten der Sozialdemokraten verschob: Sie hatten fortan 20 Mandate, sechs weniger als das Zentrum, aber drei mehr als die Nationalliberalen.

Da das Wahlergebnis keinen Zweifel daran ließ, dass die Zusammenarbeit mit den Sozialdemokraten im Landtag unverzichtbar war, verlor der rechte Flügel in der Nationalliberalen Partei an Einfluss: Zur Zentralfigur der Partei in den unmittelbaren Vorkriegsjahren wurde Edmund Rebmann, der auf eine weitgehende Verständigung mit der SPD nicht nur bei den Wahlen, sondern auch in der parlamentarischen Tagesarbeit drängte. Die Sozialdemokraten nutzten die Kooperationsbereitschaft ohne Vorbehalte aus und nahmen dabei massive Konflikte mit der eigenen Parteiführung auf Reichsebene in Kauf: In den letzten Jahren vor Kriegsausbruch war das Verhalten der badischen Genossen regelmäßig ein wichtiger Tagesordnungspunkt auf den Parteitagen der Gesamtpartei, wobei jeweils die Frage der Budgetbewilligung im Mittelpunkt stand. Für die Sozialdemokraten im badischen Landtag war es selbstverständlich, dass sie am Ende einer Landtagssession, deren Entscheidungen maßgeblich von ihnen mitbestimmt waren, auch den Staatshaushalt bewilligten. Der alte Grundsatz der Partei, die Gegnerschaft zum bestehenden politischen System durch konsequente Budgetverweigerung zum Ausdruck zu bringen, erschien aus der Sicht der badischen Sozialdemokraten anachronistisch, und folglich ignorierten sie auch die Resolutionen, in denen die Gesamtpartei dieses Prinzip bekräftigte. Dass die badischen Genossen, allen voran Wilhelm Kolb und Ludwig Frank, deshalb zu den meistgehassten innerparteilichen Gegnern der radikalen Linken wurden, konnten sie in Kauf nehmen, zumal die Parteiführung bei allem verbalen Radikalismus nie ernsthaft den Gedanken verfolgte, die Reformisten aus der Partei auszuschließen.

Auch wenn die badischen Sozialdemokraten unbeeindruckt von der grundsätzlichen Oppositionshaltung der Gesamtpartei ihre Reformpolitik fortsetzten, machte sich seit 1911 bemerkbar, dass man im Großherzogtum kein politisches Inseldasein führte. Das Verhältnis zu den Nationalliberalen im Landtag verschlechterte sich erheblich durch reichspolitische Einflüsse, wobei die am Vorabend des Ersten Weltkriegs forcierte Heeresrüstung der Hauptgrund war. Der alte Gegensatz zwischen der Partei der Reichseinheit und des deutschen Weltmachtstrebens auf der einen und den international orientierten Sozialdemokraten brach wieder auf und beeinflusste auch die Landespolitik, obwohl er in der politischen Arbeit im badischen Landtag eigentlich keine Rolle hätte spielen müssen. Die Nationalliberalen rückten wieder von den Sozialdemokraten ab und wiesen zum Beispiel deren Vorschlag zurück, bei den Wahlen von 1913 schon in der Hauptwahl und nicht erst in den Stichwahlen ein Bündnis einzugehen. An der Wiederholung der Großblockpolitik bei den Stichwahlen führte jedoch kein Weg vorbei, denn die Zentrumspartei, die 1909 einen deutlichen Einbruch hatte hinnehmen müssen, konnte in der Hauptwahl wieder fast 35 Prozent der Stimmen gewinnen, so dass erneut eine Mehrheit von Zentrum und Konservativen in der Zweiten Kammer drohte. Das sozialdemokratisch-liberale Bündnis bei den Stichwahlen verhinderte dies zwar, aber die Mehrheit des Großblocks schmolz auf drei Mandate zusammen. Dafür waren vor allem die Verluste der Sozialdemokraten verantwortlich. Ihnen erschien das schlechte Wahlergebnis als Resultat einer zu starken Annäherung an die Nationalliberalen, so dass auch in der SPD seit 1913 die Stimmen wieder lauter wurden, die eine Beendigung der Großblockpolitik in der Landtagsarbeit und die stärkere Betonung der eigenen Unabhängigkeit forderten. An der reformistischen Grundtendenz der badischen Sozialdemokraten änderte sich allerdings nichts, wohl auch deshalb nicht, weil die SPD inzwischen als wichtiger Bestandteil des Parteienspektrums in Baden weithin Anerkennung gefunden hatte.

Die Reformpolitik des Großblocks

Der Erfolg des Großblocks in der parlamentarischen Arbeit lässt sich an einer Reihe von kleinen Reformen messen und nicht an spektakulären Gesetzesvorhaben, für die nicht Karlsruhe, sondern Berlin der richtige Platz gewesen wäre. In den Politikfeldern, die den Einzelstaaten nach der Reichsgründung noch verblieben waren, also vor allem der Bildungs- und der Finanzpolitik, kam es in den Vorkriegsjahren in Baden zu zahlreichen neuen Gesetzen: über die Befreiung von konfessionslosen Schülern vom Religionsunterricht, die Verbesserung der Lehrergehälter oder die Einführung einer Vermögenssteuer. Diese und andere Reformen bewiesen, dass die parlamentarische Kooperation von Sozialdemokraten und Nationalliberalen funktionierte. Über diesem Befund dürfen jedoch nicht die fortbestehenden Meinungsverschiedenheiten in Grundsatzfragen übersehen werden, die zum Beispiel bei den Beratungen über die Reform der Städte- und Gemeindeordnung am Jahresende 1910 zum Ausdruck kamen. Hier forderten die Sozialdemokraten die Demokratisierung des Kommunalwahlrechts, konnten sich damit aber nicht durchsetzen, so dass es schließlich nur zu einer Modifizierung des bestehenden Klassenwahlrechts kam: Bei den Kommunalwahlen blieben also weiterhin die Bürger mit einem hohen Steueraufkommen privilegiert. Auch eine Initiative der SPD für eine weitere Reform des Landtagswahlrechts blieb erfolglos. Ihre Forderung nach Einführung des Proportionalwahlsystems wurde zwar von den Nationalliberalen unterstützt, die sich davon eine Sicherung ihres Mandatsbestands bei gleichzeitiger Befreiung vom Zwang der Wahlbündnispolitik versprachen; dieses Reformprojekt scheiterte jedoch an der zögernden Haltung der Regierung und dem Widerstand der Zentrumspartei, die von dem bestehenden Mehrheitswahlsystem profitierte.

Die Zentrumspartei nach der Jahrhundertwende

Der Graben zwischen dem Zentrum und den Nationalliberalen war auch am Vorabend des Ersten Weltkriegs immer noch sehr tief, was vor allem daran lag, dass sich in der Kirchenpolitik seit den 1890er Jahren kaum etwas bewegt hatte – lediglich das Missionsverbot von Ordensleuten war 1893 aufgehoben worden. Dies war der einzige kirchenpolitische Erfolg, den das Zentrum verbuchen konnte, seitdem die Mehrheit der Nationalliberalen in der Zweiten Kammer gebrochen worden war. In Zusammenarbeit mit den übrigen Oppositionsparteien war zwar in der Landtagssession 1899/1900 ein Kammerbeschluss zu Gunsten der prinzipiellen Zulassung von Orden im Großherzogtum herbeigeführt worden, die Erste Kammer hatte diesen Beschluss aber nicht bestätigt, so dass für die Regierung keine Notwendigkeit zum Handeln bestand. In der Folgezeit verzichtete die Zentrumspartei auf größere kirchenpolitische Initiativen, auch auf Druck der Freiburger Kirchenleitung, der von der Regierung und dem Großherzog persönlich signalisiert worden war, dass man mit Entgegenkommen nur rechnen könne, wenn die Zentrumspartei sich im Landtag mäßige. Zum Opfer dieser Kompromissbemühungen des Erzbischofs Thomas Nörber, der 1898 dem verstorbenen Roos nachgefolgt war, wurde Theodor Wacker, der 1888 bei der Neugründung der Partei das Zentrum auf einen konsequenten Oppositionskurs eingeschworen hatte. Wacker schied 1903 aus dem Landtag aus, weil er eine Annäherung zwischen Kirchenleitung und Regierung durch seine Präsenz in der parlamentarischen Tagesarbeit nicht behindern wollte; den Vorsitz der Partei behielt er jedoch inne, so dass er auch in den folgenden Jahren einer der wichtigsten Zentrumspolitiker blieb. Die Führung der Fraktion fiel allerdings an gemäßigte Kräfte: an Johann Anton Zehnter und an Constantin Fehrenbach, den späteren Reichskanzler der Weimarer Republik.

Wackers Ausscheiden aus dem Landtag 1903 war in gewisser Weise ein Eingeständnis des Scheiterns der Konfrontationsstrategie, mit deren Hilfe man die Nationalliberalen aus ihrer Mehrheitsposition in der Zweiten Kammer zurückgedrängt hatte. Deren kulturkämpferischer Eifer war auch nach der Jahrhundertwende noch nicht erlahmt, wie in der Landtagssession 1901/02 besonders deutlich wurde, als das Zentrum mit Unterstützung der SPD und der Linksliberalen eine Resolution durch die Kammer brachte, in der die Regierung aufgefordert wurde, zumindest einige Klöster in Baden zuzulassen. Der spätere Regierungschef und damalige Justiz- und Kultusminister Dusch reagierte auf diese Resolution nicht ablehnend, sondern kündigte an, nach Landtagsschluss mit der Freiburger Kirchenleitung Gespräche über die Möglichkeit der Zulassung einzelner Klöster zu führen. In der liberalen Öffentlichkeit brach daraufhin der sogenannte Klostersturm aus, der nachdrücklich demonstrierte, wie stark die Kirchenfrage immer noch polarisierte: Über Monate hinweg erschienen Zeitungsartikel und Flugschriften, in denen die Gefahren der Klosterzulassung in grellen Farben geschildert wurden, und Versammlungen wurden abgehalten, in denen die Regierung aufgefordert wurde, Ordenszulassungen nicht zu fördern. Klöster erschienen den Liberalen als voraufklärerische Einrichtungen, für die im modernen und liberalen Staat kein Platz mehr sei.

Die parlamentarische Mehrheit für diese kulturkämpferische Position fehlte zwar inzwischen zumindest in der Zweiten Kammer des Landtags; die nationalliberalen Klosterstürmer fanden aber Rückhalt beim Monarchen, denn Großherzog Friedrich I. war ebenfalls ein Gegner der Ordensniederlassungen. Durch Landtagsbeschlüsse in der Kirchenpolitik Druck auf die Regierung auszuüben, wurde für die Zentrumspartei seit 1905 schwierig, weil die linken Parteien, die ihr in den Vorjahren mehrfach zu Seite gestanden hatten, nun mit den Nationalliberalen im Großblock zusammengeschlossen waren und wenig Neigung zeigten, sich mit ihrem Bündnispartner wegen Problemen zu überwerfen, die, wie zum Beispiel die Klosterfrage, für sie selbst nur nachrangige Bedeutung hatten.

Einen Vorstoß zur grundsätzlichen Lösung der kirchenpolitische Konflikte unternahm die SPD im Landtag 1906, als sie den Antrag stellte, die Regierung möge ein Gesetz über die vollständige Trennung von Staat und Kirche vorlegen. In den Augen der Zentrumspolitiker war dies ein zwiespältiges Projekt, denn einerseits hätte die Kirche dadurch mehr Bewegungsfreiheit erhalten und Klosterniederlassungen wären zum Beispiel möglich geworden, andererseits wäre sie auf den rechtlichen Status eines Vereins reduziert worden, der zum Beispiel keinerlei Anspruch mehr hätte erheben können, Einfluss auf die Schulen zu nehmen. Die Zentrumspartei lehnte den Antrag der SPD deshalb ab; Gleiches taten die Nationalliberalen, weil die vollständige Trennung von Staat und Kirche der Regierung die vielfältigen Aufsichts- und Mitentscheidungsrechte genommen hätte, die sie bei den bestehenden Kirchengesetzen noch besaß. Nach dem Scheitern dieser Initiative geschah in der Kirchenpolitik wenig – erst 1913 trat die Freiburger Kirchenleitung wegen einer möglichen Revision der Kirchengesetze wieder an die Regierung heran, die auch die Bereitschaft zu Verhandlungen signalisierte, die allerdings bis zum Ausbruch des Ersten Weltkriegs nicht weit gediehen.

Das Großherzogtum im Ersten Weltkrieg

Wie auf Reichsebene und in den anderen Einzelstaaten änderte sich auch in Baden die innenpolitische Konstellation im August 1914 grundlegend. Mit dem Kriegsausbruch begann die Burgfriedenspolitik, das heißt, die inneren Konflikte wurden in Anbetracht der äußeren Gefahren zurückgestellt. Wie andernorts beteiligten sich auch im Großherzogtum die Sozialdemokraten an dieser Burgfriedenspolitik, was auf Grund der reformistischen Tendenzen der badischen Landespartei auch nicht verwunderlich war. In dem Stadium der akuten Kriegsgefahr Ende Juli 1914 kam es noch in mehreren badischen Städten zu von der SPD veranstalteten Friedensdemonstrationen, aber bei Kriegsausbruch herrschte auch bei den Sozialdemokraten die Auffassung vor, dass Deutschland angegriffen worden sei und man einen Verteidigungskrieg führen müsse. In der Praxis bedeutete die Burgfriedenspolitik eine starke Einschränkung der Tätigkeit des Landtags, der nur dann Sitzungen abhielt, wenn dringende Beschlüsse – vor allem Budgetfragen – anstanden, über die sich die Parteien zumeist vorab in Gesprächen mit der Regierung verständigten, um eventuelle Konflikte nicht in öffentlichen Plenardebatten austragen zu müssen. Zur Burgfriedenspolitik gehörte außerdem die freiwillige Einschränkung der politischen Agitation, was auch bedeutete, dass sich die Parteien ihren Mandatsbestand von 1913 garantierten und auf Wahlkämpfe verzichteten, wenn wegen Todesfällen oder Mandatsniederlegungen in einzelnen Wahlkreisen Nachwahlen anstanden. Dies gelang in der Anfangsphase der Krieges noch nicht überall – das Zentrum versuchte, bei einer Nachwahl den Wahlkreis Donaueschingen zu erobern, wo

der bisherige nationalliberale Mandatsinhaber sich 1913 nur mit
knapper Mehrheit durchgesetzt hatte –; am Jahresanfang 1915
verpflichteten sich aber alle Parteien auf ein Kriegswahlabkom-
men zur Wahrung des Status quo. Starken Ausdruck fand die
Burgfriedenspolitik in der außerordentlichen Landtagssession
im Februar 1915, als die sozialdemokratische Fraktion an einem
Empfang bei Hofe teilnahm und der Freiburger Erzbischof in der
Ersten Kammer erschien.

Zur politischen Eintracht trug auch der Umstand bei, dass die
Pressezensur, die mit der Verhängung des Kriegszustands in ganz
Deutschland wieder eingeführt worden war, vom badischen In-
nenministerium sehr milde gehandhabt wurde. Anders sah es bei
öffentlichen Versammlungen aus, die der Genehmigung durch
die militärischen Stellen bedurften. Hier verfuhr man nicht sehr
tolerant, so dass sich einige Missstimmigkeiten ergaben.

Die Spaltung der Sozialdemokratie

Dass die Burgfriedenspolitik nicht unbegrenzt halten würde,
wurde zunächst in den innerparteilichen Streitigkeiten der SPD
sichtbar, bei denen in Baden die Auseinandersetzungen mit-
und nachvollzogen wurden, die in der sozialdemokratischen
Reichstagsfraktion in der Frage der Bewilligung der Kriegskredite aufgebrochen waren. Die linke Minderheit, die sich bei
der Abstimmung über die Kriegskredite am 4. August 1914 im
Reichstag noch der Fraktionsdisziplin gebeugt hatte, kritisierte
schon wenige Monate später in der Öffentlichkeit den Burgfriedenskurs der Parteiführung, und auch in Baden machte sich die
Opposition in der SPD schon im Sommer 1915 bemerkbar: In
Karlsruhe wurde eine Resolution gegen den Krieg und für den
Sozialismus verbreitet, was den Initiatoren Untersuchungshaft
einbrachte. Die 1916 angebahnte und am Jahresanfang 1917 voll-

zogene Spaltung der Reichstagsfraktion in die linken Unabhängigen Sozialdemokraten und die Mehrheitssozialdemokraten, die den Burgfriedenskurs fortsetzen wollten, griff schließlich auch auf Baden über.

Der Protagonist der Parteispaltung im Großherzogtum war der Altlinke Adolf Geck, der zunächst aus der Landtagsfraktion und dann aus der Partei ausgeschlossen wurde. Über Anhängerschaft verfügte die neu gegründete USPD vor allem in Mannheim und in Gecks politischer Heimat Offenburg, aber auch in Karlsruhe und Freiburg sowie in einigen kleineren Städten entstanden Ortsgruppen der USPD. Im Vergleich mit anderen Regionen des Reiches blieb die USPD in Baden schwach – dies erklärt sich durch die reformistische Grundhaltung der Partei vor 1914, die es ihr leicht machte, die Burgfriedenspolitik zu akzeptieren, während bei den norddeutschen Sozialdemokraten die Ausgrenzungserfahrungen und damit die Bereitschaft zur Fortsetzung der Oppositionshaltung sehr viel stärker waren. Nichtsdestotrotz bedeutete das Jahr 1917 auch für die Geschichte der badischen SPD einen wichtigen Einschnitt, weil die Einheit der Arbeiterbewegung auch hier ihr Ende fand und sich ein tiefer Graben zwischen ehemaligen Parteifreunden auftat, die sich fortan gegenseitig bekämpften.

Das Ende des Burgfriedens

Wichtiger für die innenpolitische Konstellation in Baden als die Spaltung der SPD war die Tatsache, dass auch die Mehrheitssozialdemokraten 1917 von der Burgfriedenspolitik abrückten. Ein erster Konflikt mit den übrigen Parteien hatte sich schon 1916 ergeben, als die SPD eine Petition verbreitete, die für das Deutsche Reich bei einem Friedenschluss die Grenzen von 1914, politische Autonomie und wirtschaftliche Unabhängigkeit erwartete, nicht aber territoriale Zugewinne, wie sie in dieser Phase des Krieges in Deutschland von verschiedenen Seiten gefordert wurden. Sowohl die Nationalliberalen als auch das Zentrum lehnten die Petition deshalb ab, und die militärischen Stellen verboten die Sammlung von Unterschriften. Den Bruch der Burgfriedenspolitik, die darauf abzielte, alle innenpolitischen Streitfragen auszuklammern, vollzogen die badischen Sozialdemokraten im Frühjahr 1917, als ihr Landesparteitag ein umfassendes staatspolitisches Reformprogramm aufstellte, das neben anderen Forderungen die Demokratisierung der Städte- und Gemeindeordnung, die Einführung des Proportionalwahlsystems bei den Landtagswahlen und die Aufhebung der Adelsprivilegien beinhaltete – dieser letzte Punkt bedingte eine erneute Reorganisation der Ersten Kammer des Landtags oder gar ihre Abschaffung. Dass die Sozialdemokraten mit diesen Forderungen den innenpolitischen Waffenstillstand beendeten, erklärt sich dadurch, dass die Bevölkerungsgruppen, die sie politisch vertraten, von den Auswirkungen des Krieges, besonders der schwierigen Versorgungslage, sehr stark betroffen waren. Die Unzufriedenheit der Arbeiterschaft wurde in die Forderung nach weiterer politischer Emanzipation kanalisiert.

Das gleiche Phänomen zeigte sich in dieser Phase des Krieges auch in anderen deutschen Staaten, zum Beispiel in Preußen, wo sich selbst in den Reihen der politischen Eliten allmählich die Überzeugung zu verbreiten begann, dass man die Arbeiter aus Industrie und Landwirtschaft, die als Soldaten kämpften und deren Familien vom Hunger bedroht waren, nicht länger durch den Fortbestand des Dreiklassenwahlrechts diskriminieren konnte. Die immer lauter werdende Forderung nach Angleichung des preußischen Landtags- an das Reichstagswahlrecht war ebenso Ausdruck der egalitären Tendenzen des Krieges wie der landespolitische Reformkatalog der badischen Sozialdemokraten.

Neue Reformdiskussionen

Bei den anderen Parteien im badischen Landtag stieß die Reforminitiative der SPD auf gemischte Resonanz. Die Nationalliberalen erkannten die Notwendigkeit weiterer Reformen an, wollten diese aber auf die Zeit nach dem Krieg verschieben. Das Zentrum zeigte nur mäßiges Interesse, und vorbehaltlose Unterstützung fanden die Sozialdemokraten nur bei der Fortschrittlichen Volkspartei – dies war der neue Name der Demokraten und der Freisinnigen, die sich analog zu der Entwicklung auf Reichsebene 1910 in einer Partei zusammengeschlossen hatten. Die Regierung gab sich in der Frage einer erneuten Verfassungsreform überaus zurückhaltend; Staatsminister Dusch erklärte, dass es in Baden keinen Modernisierungsbedarf gebe. In die Verfassungspolitik kam dann am Ende des Jahres 1917 doch noch Bewegung, vor allem weil in der Zentrumspartei ein Prozess des Umdenkens einsetzte und der linke Parteiflügel an Einfluss gewann – es eröffnete sich also die Möglichkeit, eine verfassungsändernde Zweidrittelmehrheit in der Zweiten Kammer zustande zu bringen. Den Kurswechsel des Zentrums honorierte die SPD bei Zusammentritt des Landtags im November 1917 – mit ihrer Unterstützung wurde der Zentrumsabgeordnete Zehnter zum Präsidenten der Zweiten Kammer gewählt und gleichzeitig der Großblock mit den Nationalliberalen aufgekündigt, der faktisch ohnehin nicht mehr bestand.

In dieser Situation sah sich auch die Regierung zum Einlenken genötigt: Innenminister Bodman, der den schwer kranken Dusch vertrat, verkündete, dass die Beteiligung aller Volkskreise an der Leitung der öffentlichen Angelegenheiten unter dem Eindruck der großen Opfer des Volkes im Kriege gestärkt werden müsse – allerdings erst, sobald die Zeitlage dies gestatte. Bodman wollte die Reformen also auf die Zeit nach dem Krieg vertagen und nahm damit die ursprüngliche Position der Nationalliberalen ein.

Die Parteien ließen sich durch diese Ankündigung jedoch nicht vertrösten und begannen mit der Ausarbeitung von Gesetzesanträgen für das Reformpaket. Diese Fragen nahmen einen Großteil der Arbeit des Landtags im letzten Kriegsjahr in Anspruch, allerdings ohne dass es zu beschlussfähigen Ergebnissen kam. Auch hierin liegt eine Parallele zu den Entwicklungen in vielen anderen deutschen Staaten, wo ebenfalls gegen Kriegsende die Reformbedürftigkeit des politischen Systems allseits konzediert wurde, ohne dass es zu den erhofften Reformen kam.

Kirchenpolitik ab 1917

Während die Sozialdemokraten für ihre Burgfriedenspolitik nicht in Gestalt einer Verfassungsreform belohnt wurden, kamen die Regierung und auch die Nationalliberalen der Zentrumspartei in der Kirchenpolitik seit 1917 entgegen und beseitigten mehrere Streitpunkte, die das Verhältnis von Staat und katholischer Kirche in den vergangenen Jahrzehnten in starkem Maße belastet hatten. Die Nationalliberalen begründeten dies ausdrücklich mit der Loyalität der Katholiken im Krieg: Der katholische Volksteil habe in diesem Krieg mit restloser Hingebung, zum Teil unter Führung des Klerus, seine ganze Kraft in den Dienst des deutschen Vaterlandes gestellt, lobte zum Beispiel der Parteivorsitzende Rebmann. Die wichtigsten Schritte dieses Entgegenkommens waren die Neufassung des Stiftungsgesetzes, die Revision der Bestimmungen über die Vorbildung und staatliche Zulassung der Geistlichen sowie die Wiederaufnahme der Gespräche über die staatliche Genehmigung religiöser Orden. Im Herbst 1918 verständigten sich die Regierung und die Freiburger Kirchenleitung über die Zulassung eines Franziskanerklosters und dreier Kapuzinerklöster in Baden – das Ende des Kulturkampfes fand hierin symbolischen Ausdruck. Die Übereinkunft bezüglich dieser Ordensniederlassungen wurde am 9. November 1918 von Großherzog Friedrich II. gebilligt – es war dies eine seiner letzten Handlungen als Monarch.

Das Kriegsende 1918

Das Ende der Monarchien in Deutschland kam mit der Kriegsniederlage, die sich Ende September 1918 deutlich abzeichnete, als die Oberste Heeresleitung die Einsetzung einer neuen Reichsregierung verlangte, die qualifiziert wäre, um sich mit den Alliierten über die Beendigung der von deutscher Seite als aussichtslos betrachteten Kriegshandlungen zu verständigen. Mit dieser Aufgabe wurde Prinz Max von Baden betraut, der Cousin und zukünftige Nachfolger des kinderlosen Großherzogs Friedrich II. Max von Baden wurde als neuer Reichskanzler nicht etwa deshalb ausgewählt, weil er sich in der Reichspolitik profiliert hatte – bis dahin hatte er politische Erfahrung nämlich in erster Linie als Mitglied der Ersten Kammer des badischen Landtags gesammelt; vielmehr erschien er als Mitglied des liberalen badischen Herrscherhauses als eine geeignete Integrationsfigur, um auch die mit der Kriegsniederlage zwangsläufig gewordenen innenpolitischen Reformen im Deutschen Reich zu vollziehen, ohne dass seine Kanzlerschaft einen eklatanten Bruch mit der obrigkeitsstaatlichen Tradition bedeuten musste. Schließlich zählte er zur Verwandtschaft Kaiser Wilhelms II., dessen Thron Anfang Oktober 1918 noch nicht in akuter Gefahr zu sein schien.

Unter dem Eindruck der reichspolitischen Umwälzungen beraumte Bodman, der inzwischen Dusch als Staatsminister nachgefolgt war, am 19. Oktober 1918 eine Versammlung der badischen Parteiführer an, auf der von allen Seiten schnelle Reformen gefordert wurden, um die politische Unzufriedenheit im Volk zu dämpfen. Bodman betrieb dabei eine Politik der Teilzugeständnisse und stellte die Bereitschaft der Regierung zur Einführung des Proportionalwahlsystems in Aussicht. Der weitergehenden Forderung der Sozialdemokraten und der Linksliberalen nach Aufnahme von Vertrauensmännern der Zweiten Kammer in die Regierung – also nach einer Teilparlamentarisierung des politischen Systems – wich er aus. Auch die sofortige Einberufung des Landtags lehnte der Staatsminister ab. Die SPD bekräftigte daraufhin ihren Forderungskatalog in der Öffentlichkeit: die Abschaffung der Ersten Kammer, das Proportionalwahlverfahren für die Zweite Kammer, die Demokratisierung des Kommunalwahlrechts und die Bildung einer verantwortlichen Regierung aus Vertrauensmännern des Volkes – diese letzte Forderung griff schon über die schrittweise Modernisierung der bestehenden konstitutionellen Ordnung hinaus und hätte einen politischen Systemwechsel bedeutet. Erst als Ende Oktober und in den ersten Novembertagen die Stimmen lauter wurden, die das sofortige Kriegsende und die Abdankung Kaiser Wilhelms II. forderten, lenkte die badische Regierung ein: Am 3. November erklärte sich die Regierung bereit, Gesetzentwürfe über die Einführung des Proportionalwahlverfahrens und die Demokratisierung des Kommunalwahlrechts vorzulegen.

Die Revolution in Baden 1918

Dieses Einlenken kam allerdings zu spät, um die innenpolitischen Unruhen zu dämpfen, die sich noch verschärften, als die Nachrichten vom Ausbruch der Revolution in Norddeutschland und in Bayern das Großherzogtum erreichten. Am 8. November bildete sich in Mannheim ein Soldatenrat, in Karlsruhe kurz darauf der sogenannte Wohlfahrtsausschuss. Beide revolutionäre Gremien ergriffen die Initiative, als am 9. November die Abdankung Kaiser Wilhelms II. bekannt wurde, und setzten

für Baden eine vorläufige Volksregierung ein, die als Koalition
der im Landtag vertretenen Parteien konzipiert war, auch wenn
die Linke eindeutig dominierte: Ihr gehörten fünf Vertreter der
Mehrheitssozialdemokratie an, je zwei der USPD und des Zentrums sowie je einer der Nationalliberalen und der Fortschrittlichen Volkspartei – an der Spitze stand der Sozialdemokrat Anton
Geiß, der schon seit 1895 dem Landtag angehörte. Wie das Verhältnis dieser Revolutionsregierung zum Großherzog sein würde,
dessen Abdankung bislang nur vereinzelt gefordert worden war,
war zunächst unklar. Der aus seiner politischen Schlüsselstellung
gedrängte Staatsminister Bodman versuchte noch, die Legalität
des Umbruchs herbeizuführen, indem die Volksregierung sich
vom Großherzog bestätigen lassen sollte, scheiterte mit diesem
Vorschlag aber am Widerspruch der neuen Machthaber. Statt
dessen erwirkte er als Kompromiss eine Erklärung des Großherzogs, dass die neue Regierung zwar nicht auf verfassungsge-
mäßem Wege zu Stande gekommen sei, dass er in Anbetracht
der gegebenen Umstände aber keinen Widerspruch einlege. Die
Tage der Herrschaft Friedrichs II., der kein eigenständiges Profil entwickelt hatte, aber als politischer Nachlaßverwalter seines
Vaters dennoch Popularität genoss, waren trotzdem gezählt. Am
13. November erklärte er im hessischen Zwingenberg, wohin er
sich in Sicherheit gebracht hatte, auf die Ausübung der Regie-
rungsgewalt so lange zu verzichten, bis eine verfassunggebende
Versammlung über die zukünftige Staatsform entschieden habe.
Einen Tag später proklamierte die vorläufige Volksregierung die
Republik in Baden. Dass die badische Nationalversammlung
diese Entscheidung aufheben und die monarchische Ordnung
wiederherstellen würde, schien völlig ausgeschlossen zu sein.
Friedrich II. zog daraus die Konsequenzen und verzichtete am
22. November 1918 auf seinen Thron – nicht weil die Monarchie
in Baden abgewirtschaftet hatte, sondern unter dem überwälti-
genden Einfluss der Revolution im Reich.

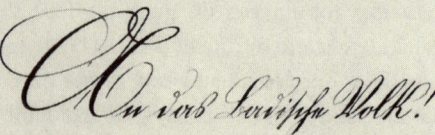

An das deutsche Volk!

Wie ich am 14. November 1918 erklärt habe, will ich kein Hindernis sein derjenigen Neugestaltung der staatsrechtlichen Verhältnisse des badischen Landes, welche die verfassunggebende Versammlung beschließen wird. Nachdem mir nun bekannt geworden ist, daß viele Beamte sich durch den Treueid, den sie als Beamte, Soldaten oder Staatsbürger geleistet haben, in ihrem Gewissen gehemmt fühlen, bei der Vorbereitung der Wahlen zur verfassunggebenden Versammlung sich so zu betätigen, wie sie es nach den tatsächlichen Verhältnissen und insbesondere nach der Lage im Reich für geboten erachten, entbinde ich die Beamten, Soldaten und Staatsbürger ihres Treueides und verzichte auf den Thron. Dieser Verzicht

erkläre ich mit Zustimmung meines Vetters
des Prinzen Max von Baden auch für ihn
und seine Nachkommenschaft.

Mein und meiner Vorfahren Leitstern
war die Wohlfahrt des Badischen Landes. Sie
ist es auch bei diesem meinem letzten schweren
Schritt. Mein und der Meinigen Liebe zu
meinem Volke hört nimmer auf! Gott
schütze mein liebes Badener Land!

Schloß Langenstein, den 22. November 1918.

Friedrich

Abdankungsurkunde Großherzog Friedrichs II. (1857–1928)

Die liberale Sonderentwicklung Badens

Friedrich II. unterzeichnete die Verzichtserklärung genau drei Monate, nachdem in Karlsruhe, wegen des Krieges in sehr bescheidenem Rahmen, am 22. August 1918 das 100-jährige Bestehen der badischen Verfassung gefeiert worden war. In einer Proklamation, die er aus diesem Anlass an sein Volk richtete, erinnerte Großherzog Friedrich II. daran, dass Vertrauen und Liebe seiner Vorfahren zum Volke die Quelle und Seele der Verfassung gewesen seien, die 1818 eingesetzt worden war. Fürst und Volk seien entschlossen gewesen, nach schwerer Kriegszeit zum Wiederaufbau und zur Fortentwicklung des Staates in inniger Gemeinschaft zusammenzuwirken. In dem seither verflossenen Jahrhundert seien diese Hoffnungen nicht enttäuscht worden. Die zur Mitarbeit berufenen Volkskräfte hätten sich tüchtig geregt und kraftvoll entfaltet. Der badische Staat sei zu einer fest gefügten Einheit, das badische Volk zu einem geschlossenen Ganzen von besonderer Eigenart geworden, die von jedem Badener hoch gewertet werde. In guten wie in schlimmen Tagen habe das Verfassungswerk sich bewährt als Grundfeste badischer Freiheit und Ordnung.

Wenn man diese Proklamation ihres Pathos entkleidet, wird ein wahrer Kern sichtbar: Mit dem Erlass der Verfassung von 1818, mit der die Einheit des jungen und stark gewachsenen Großherzogtums gesichert werden sollte, wurde ein institutioneller Rahmen gesetzt, der eine politische Entwicklung des Großherzogtums ermöglichte, die in mancherlei Hinsicht von den allgemeinen Trends der deutschen Geschichte des 19. Jahrhunderts in bemerkenswerter Weise abwich. In den Jahren des Vormärz war Baden eine Hochburg der Liberalen, die ein hohes Selbstwertgefühl als Vorkämpfer für Einheit und Freiheit in Deutschland entwickelten, obwohl sie selbst in der Defensive agierten gegen die vom Deutschen Bund unterstützten Bemühungen der

Großherzöge Ludwig und Leopold um Rückbildung der badischen Verfassung. Die durch die Verfassung – vor allem durch ihr breit gefasstes Landtagswahlrecht – begünstigte Ausbildung einer lebhaften politischen Öffentlichkeit machte sich in der Revolution 1848/49 dann erneut in einer badischen Sonderentwicklung bemerkbar, indem das Großherzogtum zu einer Hochburg des politischen Radikalismus wurde. Die markanten Sonderentwicklungen seit der Mitte des Jahrhunderts lassen sich dagegen wohl nicht mehr mit einem verfassungsrechtlichen Modernitätsvorsprung erklären, denn dieser verkleinerte sich erheblich, als Bismarck für den Reichstag das demokratische Wahlrecht einführte. Seit den 1860er Jahren wurde vielmehr ein anderer Faktor wirksam, der bis 1918 die politischen Rahmenbedingungen in den deutschen Staaten wesentlich mitprägte: die politische Haltung des jeweiligen Monarchen. Dass im badischen Fall mit Großherzog Friedrich I. mehr als ein halbes Jahrhundert ein liberaler Fürst den Thron innehatte, begünstigte einige im Vergleich ungewöhnliche Konstellationen: die eklatante Schwäche des Konservativismus in Baden und die jahrzehntelange Vorherrschaft der Nationalliberalen, die wiederum die weitgehend konfliktarme Integration der Sozialdemokraten in die landespolitische Ordnung ermöglichten. Auch dass die Revolution 1918 von den politischen Kräften im Großherzogtum in fast einträchtig anmutender Weise bewältigt wurde, kann als Ausfluss des besonderen liberalen Klimas in Baden betrachtet werden, das sich in dieser Form ohne Großherzog Friedrich I. wohl nicht ausgebildet hätte.

Ausgewählte Literatur

Becht, Hans-Peter: Die badische Zweite Kammer und ihre Mitglieder 1819 bis 1841/42. Untersuchungen zu Struktur und Funktionsweise eines frühen deutschen Parlaments, Phil. Diss., Mannheim 1985.

Becker, Josef: Liberaler Staat und Kirche in der Ära von Reichsgründung und Kulturkampf. Geschichte und Strukturen ihres Verhältnisses in Baden 1860-1876, Mainz 1973.

Ehrismann, Renate: Der regierende Liberalismus in der Defensive. Verfassungspolitik im Großherzogtum Baden 1876-1905, Frankfurt/Main u. a. 1993.

Fenske, Hans: 175 Jahre badische Verfassung, Karlsruhe 1993.

Fuchs, Walther Peter (Hg.): Großherzog Friedrich von Baden und die Reichspolitik, 4 Bde., Stuttgart 1968-1980.

Gall, Lothar: Der Liberalismus als regierende Partei. Das Großherzogtum Baden zwischen Restauration und Reichsgründung, Wiesbaden 1968.

Hippel, Wolfgang von: Revolution im deutschen Südwesten. Das Großherzogtum Baden 1848/49, Stuttgart u. a. 1998.

Kremer, Hans-Jürgen (Bearb.): Das Großherzogtum Baden in der politischen Berichterstattung der preußischen Gesandtschaft 1871-1918, 2 Bde., Stuttgart 1990-1991.

Müller, Klaus-Peter: Politik und Gesellschaft im Krieg. Der Legitimitätsverlust des badischen Staates 1914-1918, Stuttgart 1988.

Nolte, Paul: Gemeindebürgertum und Liberalismus in Baden 1800-1850, Göttingen 1994.

Schwarzmaier, Hansmartin (Hg.): Handbuch der baden-württembergischen Geschichte. Bd. 3: Vom Ende des Alten Reiches bis zum Ende der Monarchien, Stuttgart 1992, darin: Ullmann, Hans-Peter: Baden 1800 bis 1830, S. 25-77; Fenske, Hans: Baden 1830 bis 1860, S. 79-132; Fenske, Hans: Baden 1860-1918, S. 133-233.

Stiefel, Karl: Baden 1648-1952, 2 Bde., Karlsruhe 1977.